PREMIERS VOYAGES A CHAMOUNI

LETTRES

DE

Windham et de Martel

1741-1742

publiées et annotées

PAR

M. HENRI FERRAND

CORRESPONDANT DU MINISTÈRE DE L'INSTRUCTION PUBLIQUE

LYON

IMPRIMERIE ET LITHOGRAPHIE A. GENESTE

71, rue Molière, 71

—

1912

PREMIERS VOYAGES A CHAMOUNI

Extrait de la *Revue Alpine* de Février et Mars 1912

Tirage à part à 300 exemplaires

LA PIERRE DES ANGLAIS

MER DE GLACE

PREMIERS VOYAGES A CHAMOUNI

LETTRES

DE

Windham et de Martel

1741-1742

publiées et annotées

PAR

M. Henri FERRAND

CORRESPONDANT DU MINISTÈRE DE L'INSTRUCTION PUBLIQUE

LYON

IMPRIMERIE ET LITHOGRAPHIE A. GENESTE

71, rue Molière, 71

—

1912

Premiers Voyages à Chamouni

Relations de Windham et de Martel

On a dit et écrit pendant plusieurs années que Pococke et Windham avaient découvert la vallée de Chamouni (1). Prise au pied de la lettre cette expression n'était qu'une erreur, mais elle peut très justement s'employer dans un sens figuré. Il est en effet de raison que dès les temps les plus reculés les habitants de cette vallée ont été en relations avec leurs voisins, et l'histoire ancienne du Prieuré (*Prioratus in Campo Munito*, le Prieuré de la Vallée Close), qui appartenait dès le xie siècle à l'abbaye de Saint-Michel de la Cluse, a été magistralement écrite par MM. Perrin et Bonnefoy (2). Sans même recourir aux nombreux documents spéciaux qu'a reproduits et analysés l'ancien notaire de Sallanches, nous voyons *Chamonis* et la vallée de l'Arve figurés sur la carte de Jean de Beins (*Sabaudia Ducatus*) qui, dessinée bien auparavant, fut publiée en 1630 par la dixième édition de l'Atlas de Mercator. D'autre part nous savons par les œuvres de

---

(1) Voir notamment le *Guide du voyageur à la Vallée de Chamouni et à la Grande Chartreuse*, Chambéry, Puthod, 1836, p. 32 — Dans leurs *Lettres sur la Suisse*, Paris, Engelmann, 4e partie, 1827, MM. de Golbéry et Engelmann signalent, pour la réfuter, cette opinion alors unanime.

(2) *Histoire de la vallée et du Prieuré de Chamonix, du Xe au XVIIe siècle, et Documents relatifs au Prieuré et à la vallée de Chamonix*, par MM. Perrin et Bonnefoy, Chambéry, 3 vol. in-8, 1879, 1883 et 1887.

M. Le Pays (1) que ce galant directeur des gabelles y fut amené par une mission spéciale en 1669. Sa lettre du 16 mai de cette année, plusieurs fois citée et reproduite, nous montre que son esprit de petit maître n'en avait ressenti que de l'horreur. Mais si l'on se reporte à la situation de la vallée avant l'établissement des routes et l'usage des explosifs qui les a facilitées, alors que les gorges profondes de l'Arve étaient inaccessibles, si l'on pense que jadis la voie principale pour y arriver franchissait la Forclaz du Prarion, ainsi que l'atteste l'inscription romaine que l'on y a découverte en 1853 (2), on se rend compte sans peine que la visite de la Vallée Close, du *Campus Munitus*, dans lequel on descendait, était assez laborieuse pour ne pas être tentée volontiers.

De simples voyageurs, des touristes, s'y rendirent-ils pour leur agrément avant 1741 ?

On serait tenté de répondre négativement, car dans sa *Description des Glacières, Glaciers et Amas de glace du Duché de Savoye*, publiée en 1773, Th Bourrit nous expose que ce sont les racontars des paysans de Chamouni, venant chaque année vendre leur miel et leurs cristaux, qui composaient alors tout le bagage des connaissances à ce sujet : « L'affreuse peinture qu'ils nous faisaient de leurs vallées de glace et de leurs hautes montagnes, ces récits tous extraordinaires qui nous avaient fait donner à ces monts blanchis l'épithète de Montagnes Maudites, excitèrent la curiosité de deux gentils-hommes anglais qui depuis quelque temps fesaient (*sic*) leur séjour à Genève. » (*ibid.* p. 4).

Mais Windham lui-même nous parle dans son récit, ainsi qu'on le verra ci-dessous, d'étrangers qui seraient venus avant lui dans la vallée, et qui n'auraient d'ailleurs ni dépassé le Prieuré, ni tenté d'aborder les Glacières. D'autre part, le *Voyage pitoresque* (*sic*) *aux Glacières de Savoye*, publié quelques mois avant l'ouvrage de Bourrit (3), par l'anonyme B.

---

(1) Les *Nouvelles œuvres de M. Le Pays, Amitiés, Amours et Amourettes*, Amsterdam, Wolfgand, in-12, 1687, tome II, p. 124. — Voir une biographie détaillée de René Le Pays, par M. Paul Morillot, *Bulletin de l'Académie Delphinale* 4ᵉ série, tome III, année 1889, p. 341 s. s.

(2) *Inscriptions antiques de la Haute-Savoie*, Epigraphie gauloise, romaine et burgonde, par Louis Revon, Annecy. Thésio, 1870, petit in-folio, p. 27 s s. L'inscription est maintenant à la Pension des Panoramas, vers le coude de la route entre le Fayet et Saint-Gervais.

(3) Bourrit ressentit une profonde amertume de cette publication et accusa de plagiat le pasteur Bordier, auquel il avait, dit-il, remis en manuscrit le projet de sa Description. Voir les détails

(André-César Bordier) nous dit dans sa préface que « peu d'Anglais passent par Genève sans se rendre aux Glacières de Chamouny. » Il mentionne l'existence de guides qui conduisent sur les Glaciers, mais on doit comprendre que cette organisation est récente à l'époque où il est écrit (1773) et n'a pris naissance que depuis peu d'années. Il est d'ailleurs constant, par les écrits de De Saussure, que lors de sa première visite à Chamouni en 1760, il n'y avait pas encore de gîte pour le public, et qu'il fut obligé de demander l'hospitalité au recteur.

Si donc il y eut auparavant dans la vallée de Chamouni quelques visiteurs, autres que les fonctionnaires ou ceux qu'y appelaient quelques rares affaires, nous pouvons tenir pour constant qu'ils furent en bien petit nombre et que nul n'en recueillit l'écho. Rien n'empêche par conséquent de dire que la première excursion dirigée vers cette vallée, pour le seul plaisir de la vue des montagnes et de la curiosité scientifique, fut celle qu'entreprirent au mois de juin 1741 un certain nombre de voyageurs anglais dont les noms de Windham et de Pococke sont les plus connus, et, comme le proclame si bien M. Durier dans son *Mont-Blanc*, ce qu'ils firent du moins les premiers, ce fut d'en parler.

Cette expédition eut à l'époque un grand retentissement, et si les héros n'en découvrirent pas Chamouni au sens littéral du mot, ils le révélèrent en réalité au public et au monde lettré. Leur voyage défraya pendant longtemps les conversations des salons genevois où l'on se disputait leur présence (1), et ce fut cette vogue qui amena l'année suivante une caravane de Genevois, au nombre desquels se trouvait un ingénieur du nom de Pierre Martel, à tenter à nouveau l'aventure.

L'événement donc, même dépouillé de ce caractère fabuleux de découverte d'une contrée inconnue au cœur de l'Europe en plein XVIII° siècle, demeure encore assez important, puisqu'il fut en réalité le point de départ de nos con-

----

de cette controverse dans *Quelques notes sur Marc-Théodore Bourrit (1739-1819)* par M. le pasteur Delétra, *Echo des Alpes* du Club Alpin Suisse, 1903, p. 355 s. s. — Voir aussi dans la *Description des Glacières*, le Discours Préliminaire, p. x.

On peut reconnaître d'ailleurs que les deux ouvrages sont très différents et il semble bien que Bourrit n'eut à se plaindre que d'avoir été devancé.

(1) M. Windham fit un assez long séjour à Genève, puisqu'il ne quitta cette ville qu'au mois d'août 1742, après le retour de la caravane Martel.

naissances sur le Mont Blanc. Cependant les détails n'en furent point dès l'abord livrés à l'impression, et dans la savante introduction dont il fit précéder sa publication de 1879, M. Théophile Dufour nous apprend, d'après la tradition courante et d'après des renseignements particuliers, qu'on ne les connaissait que par des copies manuscrites des récits des auteurs qui circulaient dans la Société. En effet, M. Windham avait écrit à M. Arlaud, peintre alors renommé à Genève (1), une lettre dans laquelle il donnait la relation de son voyage, et l'ingénieur Martel, sur la demande de son devancier, lui avait aussi communiqué ses impressions par correspondance. Les destinataires de ces lettres ne les avaient point gardées secrètes, et c'est ainsi qu'on s'en passait des copies de main en main. Au vu d'une de ces copies, un bel esprit du temps, Léonard Beaulacre, bibliothécaire à Genève, en fit un extrait ou compte rendu qu'il adressa en mai et juin 1743 au *Journal Helvétique*, de Neufchatel (2), et l'année suivante, en 1744, Pierre Martel, émigré en Angleterre, en publia à Londres une version ou une adaptation anglaise (3). C'est ainsi que se répandit la connaissance de ces exploits.

Mais le retentissement initial, et même la mémoire s'en effacèrent ensuite de l'esprit des Genevois : d'autres voyages aux Glacières, plus complets, plus détaillés, firent oublier ceux-là, et les copies manuscrites cessèrent de circuler, et même bientôt disparurent. Il n'en était plus question à l'époque de Bourrit qui ne fait qu'une courte mention de l'excursion de Windham et Pococke, De Saussure n'en

---

(1) Il résulte des renseignements que nous avons recueillis que le destinataire de l'épitre de Windham fut Jacques-Antoine Arlaud, dit le peintre du Régent. Malgré son grand âge — il était né en 1668 et avait par conséquent 73 ans au moment de ses relations avec M. Windham — cet artiste, qui avait beaucoup voyagé et avait résidé non seulement à Paris, mais en Angleterre (vers 1721), était très répandu dans la société genevoise d'alors, et y jouissait d'une très grande considération. Il mourut en 1746.

(2) Reproduit dans l'*Histoire Naturelle des Glacières de Suisse*, par Grouner, traduite par M. de Kéralio, Paris, Panckoucke, 1770, in-4°, p. 154 ss.

(3) Cette brochure, devenue rarissime, a été littéralement reproduite par M. Charles Mathews, en appendice à son ouvrage *Annals of Mont Blanc*, Londres, Fisher Unwin, 1898, in-8°. Il a seulement négligé d'y reproduire les deux estampes qui étaient jointes à la brochure de 1774. Ces estampes ont été portées à la connaissance de tous les alpinistes par la publication qu'en a faite *La Montagne* du 20 juin 1905, comme illustration à l'étude de M. Julien Brégeault, *La Conquête de Chamonix*.

parle pas et Leschevin pas davantage. Lorsque bien plus tard, l'attention des alpinistes curieux se reporta sur ces préliminaires, on ne trouva que les extraits de Beaulacre, et de rares, très rares exemplaires de la brochure anglaise de Martel.

Ce n'est qu'en 1878 que M. Ludovic Lalanne signala l'existence dans la bibliothèque de l'Institut de deux manuscrits qui furent reconnus pour être un exemplaire de ces fameuses copies. M. Théophile Dufour les fit publier dans les fascicules de 1879 de l'*Echo des Alpes* du Club Alpin Suisse avec une savante introduction et de précieuses notes. Il y fit remarquer certaines incorrections, dues évidemment à un copiste peu soigneux, et des divergences avec plusieurs points de la brochure anglaise. Mais le manuscrit était unique, et la collation en était impossible.

En 1903, un érudit chercheur, M. Henri Mettrier, découvrit dans la bibliothèque de Rouen, un second exemplaire partiel du manuscrit, ou plutôt une copie seulement de la lettre de Windham, et il en publia une analyse raisonnée dans le numéro 10 de la *Revue Alpine* lyonnaise, octobre 1903, en déplorant que sa critique fût ainsi forcément incomplète, et en exprimant le vœu que l'exhumation d'une troisième copie vînt trancher les controverses que suscitaient les divergences des deux premières.

Cette troisième copie, nous avons eu la bonne fortune de la découvrir dans la bibliothèque d'un amateur genevois, M. Charles Bastard, bien connu pour son admirable collection de l'iconographie du Mont Blanc M. Bastard a bien voulu nous la céder, et nous avons pu ainsi en faire l'examen comparatif. Ce manuscrit est le plus complet de tous, car outre la lettre de Windham au peintre Arlaud, et celle de Martel à M. Windham, il renferme en annexe le récit d'une excursion anonyme et jusqu'à présent inconnue, faite à Chamouni en 1764.

Les deux premières pièces sont d'une écriture large et ferme, très régulière ainsi qu'il convient à une copie. Il ne semble pas qu'elles aient été, comme le pense M. Mettrier pour celle de la bibliothèque de Rouen, écrites avec une précipitation fâcheuse, et nous pouvons leur demander un contrôle utile des deux premières. Notre intention était d'abord de faire, à l'instar de M. Mettrier, une simple étude critique des dissemblances, mais il y en avait trop, et nous allions nous échouer sur l'écueil d'une lamentable monotonie Nous avons alors pensé que la publication de M. Dufour était déjà très ancienne, difficile à se procurer, et qu'il serait opportun de donner *in extenso* le texte de notre manuscrit pour que chacun fût ainsi plus libre de faire sa critique personnelle. L'amabilité du directeur de la *Revue Alpine* nous l'a rendu possible, et nous nous sommes bornés aux annotations indispensables.

Cependant, avant de laisser la parole à nos explorateurs, il nous paraît utile de jeter un coup d'œil sur les renseignements que nous possédons de nature à compléter leurs descriptions.

Si bien aussitôt après ces deux expéditions, la vogue se porta sur la vallée de l'Arve, ses visiteurs, pour nombreux qu'ils furent, ne paraissent pas avoir éprouvé le besoin de faire connaître leurs sensations, et la première description que nous trouvions après celle de Martel, fut le *Journal du voyage du duc de La Rochefoucauld d'Enville en 1762*. Encore ce récit demeura-t-il secret, et ne fut-il livré à la publicité que par les soins de M. Lucien Raulet dans l'*Annuaire du Club Alpin Français* de 1893 (p. 458 ss.).

Les ouvrages de Bourrit et le *Voyage dans les Alpes* de M. de Saussure vinrent ensuite; puis, l'*Itinéraire de la Vallée de Chamonix*, par J. Berthout van Berchem (1790).

Si l'on veut se rendre compte des modifications qui se produisaient sous la poussée de l'affluence toujours grandissante des touristes, on trouve des détails intéressants dans la *Relation d'un accident fatal arrivé à un voyageur sur le Glacier du Buet*, publiée en 1800 par M. A. Pictet dans la *Bibliothèque Britannique*, — dans le *Voyage pittoresque en Suisse et en Italie*, par Cambry, en 1801; — dans le *Voyage en Savoie et dans le Midi de la France*, en 1804 et 1805, de Labédoyère (1807); — et dans un très intéressant et rare opuscule de 1809 : *Lettres à un ami sur les visites de Mgr l'Évêque de Chambéry et de Genève dans quelques parties de son diocèse*.

Le *Voyage à Genève et dans la vallée de Chamouni*, par Leschevin (1812); les éditions du *Manuel du voyageur*, d'Ebel; le *Nouvel Itinéraire*, de J.-P. Pictet, en 1818; les *Bains de Saint-Gervais*, de André Mathey, la même année, nous montrent les progrès accomplis, et il est encore bien curieux de consulter à ce sujet le *Voyage en Suisse*, de Simond (1822), fait en 1817; les *Lettres sur la Suisse*, de De Golbéry et Engelmann (1827), et un petit volume, aussi anonyme que détaillé, publié en 1836, à Chambéry, chez Puthod, sous le titre de *Guide du voyageur à la Vallée de Chamouni et à la Grande Chartreuse*. Ce n'est qu'en 1869, nous apprend le *Guide Itinéraire* de Venance Payot, que la route fut enfin assez améliorée pour que les diligences pussent arriver directement à Chamouni, sans l'inévitable transbordement de Sallanches ou du Fayet.

Il y a, pour les curieux des vieilles choses, un charme tout particulier, à suivre ainsi, pas à pas, les améliorations apportées au voyage et leur influence, en quelque sorte automatique, sur l'esprit et les impressions des voyageurs ; mais cette recherche prend un caractère plus décisif et plus immédiat quand ces impressions sont traduites par le dessin.

On sait que l'iconographie du Mont Blanc et de ses environs est des plus volumineuses, et que des peintres, tels que les Lenck et les Lory père et fils, y ont consacré la plus grande partie de leur carrière. Sans nous occuper de l'œuvre de ces grands artistes, nous pouvons suivre la genèse des premiers documents.

Windham exprime le regret de n'avoir pu ni su dessiner les spectacles qui l'enchantaient. Martel s'y est appliqué, mais avec peu de succès, car ses deux planches : *Vallée de glace et montagnes environnantes vues du Mont-Anver*, et *Vue de la vallée de Chamouny et des Glacières*, reproduites par *La Montagne* en 1905, justifient bien toute l'ironie dont les enveloppait Forbes dans sa *Topographie de la Chaîne du Mont Blanc*.

La Vue des Glacières du Faucigny qui parut en 1760 dans l'*Histoire Naturelle des Glacières de Suisse*, par Grouner, est simplement fantaisiste, et il faut en venir aux ouvrages de Bourrit pour trouver quelque chose de sérieux. L'enthousiaste chantre n'était pas un artiste, mais l'amour de la nature guide sa main, et nous voyons ses dessins s'améliorer sensiblement dans la suite de ses publications : nous lui devons un Lac de Chède, inexact d'après lui-même, car il reconnaît l'avoir agrandi outre nature ; un Nant d'Arpenaz, assez naïf, utilisé par M. de Saussure ; une assez bonne grotte de glace de l'Arveiron, etc.

Mais le meilleur témoin de cette époque lointaine fut le peintre Bacler d'Albe, qui, originaire du Nord, vint se fixer à Sallanches, de 1780 à 1793. Il comprit et dessina la nature, et lorsque plus tard devenu géographe et général de l'Empire, il publia, en 1818, ses *Souvenirs pittoresques*, nous y trouvons quelques planches précieuses sur notre région. Citons notamment : la grotte de Balme, la cascade de Chède, le Mont Blanc et la vallée de Sallanches, le Nant Noir, le Pont des Chèvres, la grotte du Bon-Nant, Notre-Dame de la Gorge, la voûte de glace de l'Arveiron, la cascade de Valorsine, etc.

Engelmann dans les *Lettres sur la Suisse*, de 1827 ; le

peintre Birmann dans ses *Souvenirs de Chamouni* et dans l'*Ascension du Mont Blanc* d'Auldjo (1828), nous retracent aussi ces paysages qui retenaient invinciblement tous les visiteurs : la cascade et le lac de Chède, le Mont Blanc vu de Servoz, les bains de Saint-Gervais, la voûte de glace de l'Arveiron, la vue prise du col de Balme, etc., et nous sommes ainsi guidés pour évoquer par la pensée le charme pénétrant de ces beaux lieux avant l'invasion de la foule et leur profanation par les commodités qu'elle exige.

Disons enfin que nous avons, dans la reproduction qui suit, respecté scrupuleusement l'orthographe, parfois étrange, du manuscrit que nous avons entre les mains.

Rélation d'un voiage aux Glacières en 1741, par M. Windam

La rélation, M., que vous avés souhaité que je vous fisse, de nôtre voiage aux Glacières, sera des plus simples. Je ne chercherai point à l'embellir par de belles descriptions, quoique la beauté des vuës et des situations, que nous avons remarquées dans ces lieux peu fréquentez mériterait bien d'être décrite par quelcun qui réünit à une imagination poëtique le goût de la peinture. Je me bornerai à vous faire une rélation fidelle de nôtre voiage. Je vous dirai tout uniment les observations que nous y avons faites, et j'y joindrai quelques petits avis qui pourront être utiles à ceux qui auront, dans la suite, la même curiosité que nous eumes et qui pourront avoir des avantages que nous n'eumes pas, pour faire des remarques plus exactes.

Il est réellement dommage qu'une si grande curiosité soit si peu connüe; et quoique M. Scheutzer, dans son *Iter Alpium* (1), fasse une description des Glacières de la Suisse, il me paraît qu'il y a beaucoup de différences entre celles-là et celles de Savoie.

Il y avait déjà longtems que je souhaitais de faire ce

---

(1) Nous avons sans doute ici une double faute du copiste. Il s'agit de l'*Iter Alpinum* ou *Itinera Alpina tria*, de J. J. Scheuchzer. dont une première édition en un volume parut en 1708 à Londres, et une seconde plus complète en deux volumes fut publiée à Leyde en 1723. Parlant des glaciers et des dangers qu'y courent les chasseurs de chamois, Scheuchzer donne déjà à la planche xiii du 3° itinéraire, le dessin de crampons analogues à ceux d'aujourd'hui.

Rélation d'un Voiage aux Glacières.
En 1741. par Mr. Windam

La Rélation, Mr., que vous avés souhaité
que je vous fiffe, de nôtre Voiage aux Glacières, sera des plus simples. Je ne chercherai
point à l'embellir par de belles descriptions,
quoique la beauté des vüés et des Situations,
que nous avons remarquées dans ces lieux peu
fréquentez, mériteroit bien d'être décrite par
quelcun, qui réünit à une Imagination Poé-
tique, le gout de la Peinture. Je me bornerai à vous faire une Rélation fidelle de
nôtre Voiage. Je vous dirai tout uniment les
Observations que nous y avons faites; et j'y
joindrai quelques petits avis, qui pouront être
utiles à ceux qui auront, dans la suite, la
même curiosité que nous eumes, et qui pouront
avoir des avantages que nous n'eumes pas, pour
faire des remarques plus exactes.

Il est réellement dommage qu'une si grande
curiosité soit si peu connüë; Et quoique Mr.
Scheutzer, dans son Iter Alpium faffe une

voiage. Mais la difficulté de trouver de la compagnie me l'avait toujours fait différer. Heureusement, dans le mois de juin 1741, il arriva à Genève (1) un Anglais nommé Pockok, qui avait déjà parcouru toute l'Egypte et le Levant. Je lui fis part de ma curiosité, et lui qui ne craignait point un voiage peinible, témoigna beaucoup d'envie d'y aller. De sorte que nous fîmes la partie. Quand nos autres amis virent la partie déjà engagée, ils se joignirent d'abord à nous (2).

Comme tout le monde nous assurait qu'on ne trouverait aucune commodité de la vie dans ces païs, nous prîmes avec nous des chevaux de bât, chargez de toutes sortes de provisions de bouche, et d'une tente, qui ne laissa pas de nous être fort utiles, quoique la mauvaise idée qu'on nous avait donné du païs fut un peu outrée.

Je m'étais pourvu de plusieurs instrumens de mathématique pour prendre des hauteurs et faire des observations, espérant que Mons. Williamson, gouverneur de Mylord Hadington et habile mathématicien, aurait été des notres. Mais la crainte de la fatigue l'aiant fait abandonner la partie, je les laissai, à cause de la difficulté de les porter, n'y aiant d'ailleurs personne d'autre dans la compagnie si capable de diriger de telles entreprises.

Nous partîmes de Genève, le 19ᵉ juin, au nombre de 8 maîtres et de 5 domestiques, tous bien armez. Nos chevaux de bât nous accompagnaient, et cela donnait tout l'air d'une petite caravane. Nous ne fumes, ce jour-là, qu'à la *Bonneville*, éloignée de Genève de 4 lieues, selon le calcul du païs, mais qui nous prirent 6 grandes heures à les faire.

Cet endroit est situé au pied de la montagne du *Môle* et au bord de l'*Arve*, entouré de hautes montagnes couvertes d'arbres, et de belles prairies qui forment une situation fort agréable. Il y a un pont de pierre assez beau, mais qui était gâté, ce qui venait de l'inondation de la rivière qui en avait emporté une partie. Nous trouvâmes l'auberge passable pour la Savoie, aux lits près.

Le lendemain 20ᵉ nous partîmes de grand matin, et nous traversâmes l'Arve. Nous continuames notre route entre l'Arve et les montagnes, ce qui nous fournissait une diver-

---

(1) D'après des renseignements particuliers, M. Edmond de Catelin (Stephen d'Arve) indique, dans son *Histoire du Mont Blanc*, que Pococke vint loger à l'Hôtellerie de la Balance où Windham se trouvait déjà auparavant.

(2) On sait que ces compagnons de Windham et Pococke furent Lord Haddington et son frère Georges Baillie, Chetwynd, Aldworth, Price et Stillingfleet.

sité agréable de beaux païsages. On compte deux lieues de
là à Cluse. Mais nous mimes trois heures et demid pour
faire ce chemin (1).

Cluse est situé dans une gorge de montagnes qui se joi-
gnent dans cet endroit, laissant seulement un passage à
l'Arve, qui est resserré par de hautes montagnes pendant
plus d'une lieue.

Avant que d'arriver à Cluse, il y a une espèce d'hermitage
sur un rocher à droite où nous grimpâmes pour jouir de la
vue qui est charmante (2). Ensuite nous passâmes l'Arve sur
un beau pont de pierre.

Nous continuames nôtre marche pendant une heure et
demi, par un chemin étroit, entre l'Arve et des rochers
d'une hauteur prodigieuse, qui semblaient s'être fendus
pour donner passage à la rivière. Outre la beauté de la vue,
nous étions fort amusez par le nombre des échos et le retentissement que causait un claquement de fouet ou un coup de
pistolet dont nous tirâmes plusieurs coups, chemin faisant.

Nous vîmes de tous côtez de belles cascades qui tombaient
du haut des rochers dans l'Arve. Il y en a une entr'autres
d'une grande beauté. On l'appelle le *Nan d'Arpenas*. C'est
un gros torrent qui se précipite d'un rocher fort haut. Tous
mes compagnons s'accordèrent à en juger la hauteur plus
grande que la hauteur du Salève. Pour moi je n'en déciderai
pas. La Cascade de Terni ne tombe pas de si haut, à beaucoup près, à ce qui me paraît ; quoique dans le tems que
nous vimes celle-ci il n'y avait pas une si grande nappe d'eau
qu'à Terni. Les païsans nous assurèrent pourtant que dans
de certaines saisons l'eau y est beaucoup plus abondante
qu'elle n'était alors (3).

Après environ trois heures de marche depuis Cluse, nous
arrivames au *Pont-Saint-Martin*, vis-à-vis de *Salanches*, qui
est de l'autre côté de l'Arve. Nous n'y voulumes pas entrer,
mais nous campames dans une belle prairie, près du pont,
pour y faire alte. Nôtre voiageur Pocok avait apporté avec

---

(1) Entre Bonneville et Cluses, le chemin principal se trouvait
alors sur la rive gauche, de façon à éviter le confluent du Giffre
et de l'Arve, et les marécages qu'il occasionnait.

(2) C'est là que se trouvait l'ancien château-fort de Mussel (Manget,
Chamounix et le Mont Blanc, 1840, p. 15).

(3) Le Nant d'Arpenas a en effet un bassin très limité, et partant un régime torrentiel très inégal, et à la fin de l'été il est
souvent réduit à un filet d'eau. Il écoule les flancs occidentaux
de la Pointe du Coloney (2692^m) ; et les pentes méridionales de
la Croix de Fer (2317^m), mais la chute même n'a pas plus de
260 m. de hauteur.

lui, à nôtre insçu, un habit arabe. Cependant que nous étions occupez à préparer quelque chose pour diner, il s'en revêtit. Nous ne le reconnumes pas au premier abord, mais aussitôt que nous vimes qui c'était, nous mimes aussitôt une sentinelle, l'épée à la main, à la porte de la tente ; et à tous égards nous agissions envers lui avec un respect particulier. Une scène si extraordinaire ne manqua pas de se répandre bientôt à Salanches, d'où en moins de rien nous eumes presque toute la ville pour nous voir, et leurs différentes conjectures nous amusèrent extrêmement. Cependant quelques dames de considération étant survenues, nous leur avouames le badinage et nous décampames de là.

Après quatre heures de marche par de très mauvais torrents, nous arrivâmes à un petit village nommé *Servoz* (1). Nos chevaux y souffrirent beaucoup, étant attachez au piquet toute la nuit faute d'écurie, et de plus point d'avoine, ni d'autre fourage que de l'herbe fraîchement coupée. Pour nous autres, aiant apporté tout avec nous, nous fumes bien et nous dormimes tranquillement sur de la paille dans une grange.

De là nous nous mimes en chemin dès la pointe du jour, et aiant traversé de nouveau l'Arve, sur un fort mauvais pont de bois (2), et aiant grimpé et descendu une montagne très rude (3) où nous eumes de la peine à faire passer nos chevaux, qui se déferraient à tout moment, et dont quelques-uns faillirent à se précipiter dans l'Arve qui passait au bord du rocher, nous arrivames dans une vallée assez agréable, où nous traversames une 4ᵉ fois sur un pont de pierre, et nous eumes la 1ʳᵉ vue des Glacières. Nous continuames notre route jusqu'à *Chamougny* qui est un village sur les bords de l'Arve dans une vallée où il y a un Prieuré, dépendant des chanoines de *Sallanches.*

Nous y campames, et pendant qu'on nous préparait des rafraîchissemens, nous nous informames des païsans touchant les Glacières.

------

(1) Sallanches était alors en dehors du chemin. Celui-ci continuait sur la rive droite à partir de Saint-Martin, et venait ainsi jusqu'à Servoz : trajet pendant lequel la difficulté du passage des torrents est signalée par tous les récits ultérieurs. Après Servoz, le chemin bien retréci, passait l'Arve sur un mauvais pont dit le pont Pélissier, et allait sur la rive gauche gravir la rude côte des Montées. La carte de Borgonio n'en donne pas le tracé.

(2) Le Pont Pélissier.

(3) Plus tard elle était désignée sous le nom expressif de Les Montées. Bacler d'Albe en a donné un dessin dans ses *Souvenirs Pittoresques.*

D'abord ils nous montrèrent les bouts qui paraissent dans la vallée que nous voïons depuis le village, et qui paraissaient des rochers blancs, ou plutôt des glaçons énormes, formez par une eau qui découlait en bas la montagne. Cela ne contentait pas notre curiosité, et nous trouvions que nous étions venus de trop loin pour nous contenter de si peu.

Nous fîmes donc plusieurs questions à ces païsans ; si l'on ne pouvait, en montant la montagne, découvrir quelque chose de plus. Ils dirent qu'oui. Mais la plûpart nous firent la chose très difficile et très peinible. Ils nous dirent que personne n'y allait que les chercheurs de cristaux ou ceux qui chassaient les Bouquetins et les chamois, que tous les étrangers qui avaient été pour voir les Glacières, s'étaient contentés de voir ce que nous voïions. Un bon vieillard, prieur du lieu, qui nous fit mille politesses, nous en dissuadait fort. Il y en avait d'autres qui nous représentaient la chose comme fort facile. Mais nous nous appercevions bien qu'ils comptaient, qu'après être convenus avec eux pour nous servir de guides, nous nous lasserions bientôt, et qu'ils gagneraient leur argent aisément. Cependant nôtre curiosité l'emporta, et nous confiant en nos forces et dans nôtre courage, nous résolumes d'entreprendre de monter la montagne. Nous prîmes plusieurs païsans, les uns pour nous servir de guides, et les autres pour porter du vin et quelques provisions (1). Ces gens là étaient si persuadés que nous n'en viendrions pas à bout, qu'ils prirent avec eux des chandelles, et des instrumens pour battre le feu, en cas qu'accablez de lassitude nous eussions été obligez de passer la nuit à la montagne.

Pour éviter que ceux d'entre nous qui étions les plus lestes et les plus en haleine ne fatiguassent les autres à force de se presser, nous fîmes une règle pour la marche : que personne ne devait dévancer un autre, que celui qui tiendrait la tête eut à marcher d'un pas lent et réglé, que quiconque se sentirait las ou essoufflé, pouvait demander un alte, et qu'enfin quand nous trouverions quelque source, nous eussions à boire du vin mêlé avec de l'eau, et remplir d'eau la bouteille que nous aurions vuidée pour nous servir à un alte. Ces précautions nous furent si utiles que, peut-être, si nous ne les avions pas observées, les païsans ne se seraient pas trompez dans leurs conjectures.

Nous nous mimes en marche à midi du 22 juin, et nous

---

(1) M. Charles Durier fait avec raison remarquer cette distinction déjà pratiquée entre les guides et les porteurs.

traversames l'Arve sur un pont de bois. La plupart des cartes marquent les Glacières du même côté de Chamougny (1). Mais ils se trompent. Nous fumes bientôt au pied de la montagne et nous commençames à monter par un sentier extrêmement rapide, à travers un bois de sapins et de *Larix*. Nous faisions souvent des altes, pour nous reposer et reprendre haleine : mais nous ne laissions pas de monter avec diligence.

Après avoir passé le bois nous vinmes à une espèce de prairie, pleine de grosses pierre de roche, qui s'étaient détachées de la montagne. La montée était si rapide qu'il nous fallait quelquefois nous accrocher avec nos mains et nous servir de bâtons ferrés pour nous soutenir.

Notre chemin allait en biaisant et nous eumes à traverser plusieurs endroits où les avalanges de neige étaient tombées, et avaient fait un dégat affreux. Ce n'était qu'arbres déracinez et de grosses pierres qui semblaient ne tenir à rien. A mesure que nous y posions le pied tout s'écroulait: la neige qui s'y trouvait mêlée nous faisait glisser, et sans nos bâtons ferrez et nos mains nous serions souvent tombez (2). Et rien ne nous empêchant de voir jusqu'au pied de la montagne (3), la rapidité de la pente jointe à la hauteur où nous étions faisait un spectacle affreux et capable de faire tourner la tête à la plûpart des gens. Enfin après 4 heures et trois

---

(1) Nous savons que toutes les cartes qui étaient alors en usage n'étaient que des copies de la carte de Borgonio dressée en 1680. Très inexacte dans cette région, cette carte marque en effet les Glacières comme s'étendant en quart de cercle du Nord à l'Est de Chamouni : l'auteur semble n'avoir connu que le massif des Aiguilles Rouges et du Buet. Il figure un chemin l'escaladant vers le Nord pour conduire de Chamouni à Valorsine, mais ce chemin s'arrête là en présence d'une nouvelle chaine qui le sépare de Saint-Maurice et Martigny. Au Sud de Chamouni, au contraire, sont figurées de basses montagnes au delà desquelles on trouve Bionnay et la Grua, soit le Val de Montjoie. C'est à l'Est de la vallée que le dessin de la carte accumule les masses les plus formidables, derrière lesquelles se trouveraient Saint Brandchier et le Grand Saint-Bernard.

(2) Le premier chemin du Montenvers fut tracé par Moutelet (Marie Couttet) vers 1850 (*Histoire du Mont Blanc*, par Stephen d'Arve. p. 157). Auparavant il n'existait qu'une sorte de piste fort capricieuse qui servait de passage aux bergers et aux chercheurs de cristaux. On l'appelait le chemin des crystalliers. Il n'est d'ailleurs pas étonnant qu'au 22 juin il s'y trouvât encore des coulées de neige vers la partie supérieure.

(3) Il semble résulter de cette indication que la forêt de sapins traversée par le chemin du Montenvers aurait poussé depuis cette époque.

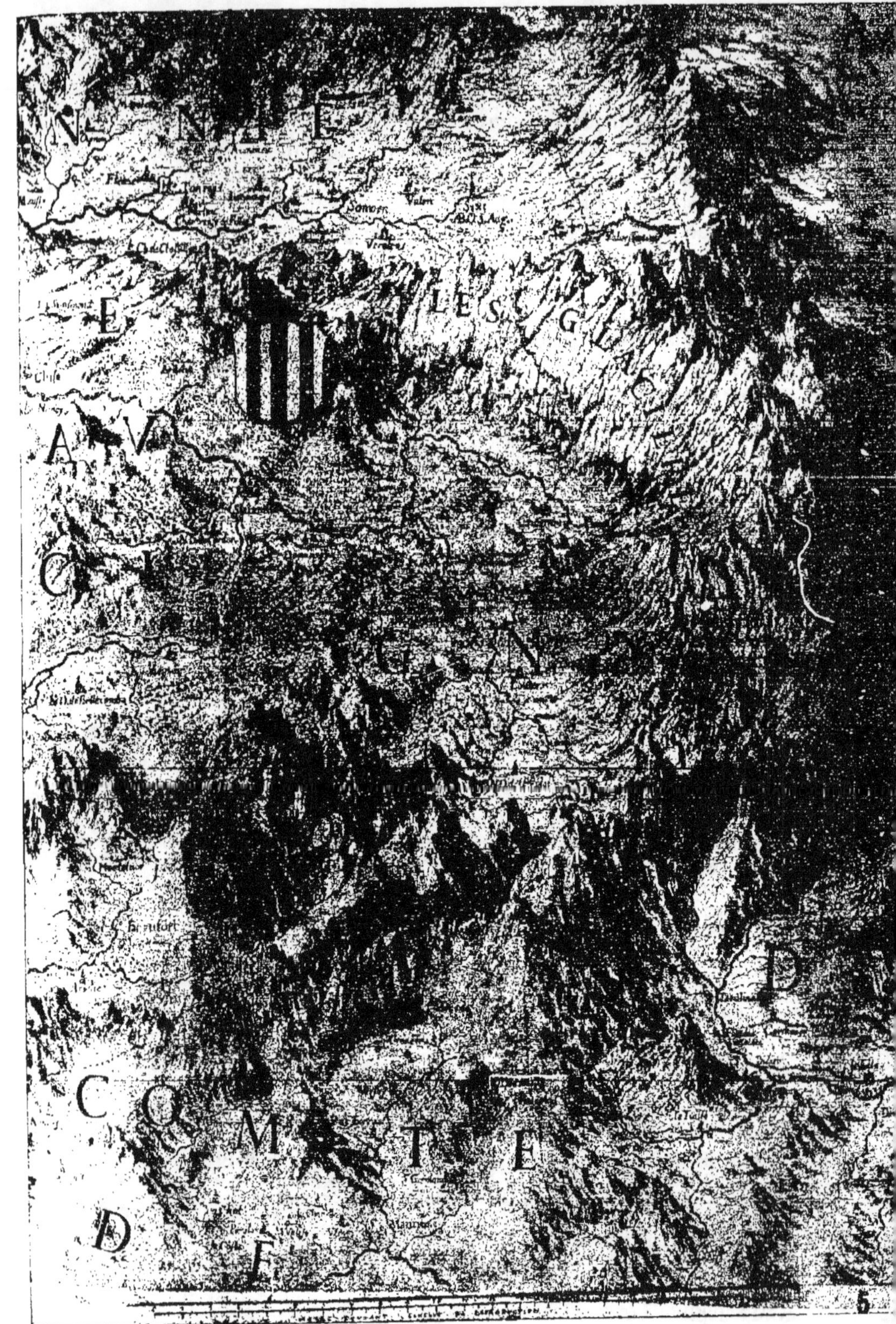

Fragment de la carte de Borgonio (1680)

quarts de marche très peinible, nous nous trouvames au sommet de la montagne d'où nous jouimes de la vue des objets les plus extraordinaires.

Nous étions sur le sommet d'une montagne qui, à ce que nous en pouvions juger, était au moins deux fois de la hauteur du Salève. De là nous avions une pleine vue de la *Glacière*. Je vous avoue que je suis extrêmement embarassé comment en donner une idée juste, ne connaissant rien de tout ce que j'ai encore vû qui y ait le moindre rapport.

Les descriptions que donnent les voiageurs des mers de Groenlande me paraît en approcher le mieux. Il faut s'imaginer le lac agité d'une grosse bise et gelé tout d'un coup. Encore ne sai-je bien si cela ferait précisément le même effet (1).

La Glacière consiste en trois grandes vallées formant un Y dont la queue va jusqu'à la Val d'Aost, et les deux cornes viennent jusque dans la vallée de Chamougny (2). L'endroit où nous sommes montez était entre ces deux cornes, d'où nous voiions en plein la vallée que forme une de ces cornes.

J'avais malheureusement oublié une boussole que j'avais avec moi, de sorte que je ne pus pas bien m'orienter par rapport à la situation ; mais je la crois à peu près du septen. trion au midi.

Ces vallées, quoiqu'au sommet d'une haute montagne, sont environnées d'autres encore plus hautes, dont les rochers arides et escarpez s'élèvent d'une hauteur immense, ressemblant en quelque façon à des batimens d'architecture gothique et nous paraissaient infiniment plus haut que la montagne où nous étions. Il n'y croît rien. La neige y reste toute l'année, et nos guides nous assurèrent que les chamois, ni même les oiseaux, n'allaient pas jusqu'au sommet.

Les chercheurs de cristaux vont, dans le mois d'aoust, en bas de ces roches et frappent sur le roc avec des pics. S'ils entendent raisonner comme si c'était creux, ils y travaillent et, ouvrant le roc, ils trouvent des cavernes pleines de cristallisations. Nous aurions fort souhaité d'y aller, mais la saison n'était pas encore assez avancée, les neiges n'y étant pas encore assez fondues.

---

(1) C'est de cette assimilation plus ou moins heureuse qu'est née l'appellation de Mer de Glace.

(2) Les premiers voyageurs, subissant peut-être en cela une suggestion erronée des habitants, croyaient à la communication directe de la Mer de Glace et du glacier des Bossons. Ce sont là les deux branches de l'Y au milieu desquelles les Anglais se trouvaient, étant au Montenvers.

Tant que nôtre vue pouvait s'étendre, nous voiions cette vallée. La hauteur des rochers qui l'environnaient rendaient impossible d'en décider la largeur, mais je crois qu'elle doit être de près de 3/4 de lieue (1).

Notre curiosité ne se borna pas là. Nous voulumes descendre jusque sur la glace. Nous avions bien 400 pas à descendre. La descente était terriblement rude, et d'une terre sèche, entremêlée de gravier et de petites pierres, qui ne nous donnaient point d'appui fixe à nos pieds (2). De sorte, nous y descendimes moitié en tombant, moitié en glissant sur nos pieds et nos mains. Nous fumes sur la glace. Cela ne nous était pas difficile. La glace était extrèmement raboteuse. Nous y trouvames une quantité de fentes infinie. Nous en pouvions enjamber quelques unes ; d'autres avaient plusieurs pieds de largeur. Ces fentes étaient fort profondes. Nous n'en pouvions pas même voir le fond. Souvent les chercheurs de cristaux s'y perdent. On retrouve, au bout de quelques jours, leurs corps sur la glace tout à fait conservez. Tous nos guides nous assuraient que ces fentes (3) changent cont'nuellement et que toute la Glacière a un certain mouvement.

En montant nous entendimes souvent comme des coups de tonnerre, que nos guides nous assurèrent être de nouvelles fentes qui se faisaient. Mais comme il ne s'en fit point, pendant que nous étions dessus, je n'oserais décider si c'était cela, ou bien des avalanges, ou des rochers qui tombaient. Cependant les voiageurs remarquent que dans la Groenlande la glace se fend avec des éclats qui ressemblent au tonnerre, de sorte que ce pouvait être ce qu'ils disaient.

Comme dans tous les païs ignorans on est extrèmement superstitieux, ils nous firent aussi plusieurs contes ridicules de sorciers, etc., qui venaient faire leur sabbath sur la Glacière, et danser au son des instrumens : nous aurions été fort surpris, s'ils n'avaient pas eu quelque légende pareille.

---

(1) Cette évaluation approximative est reprise et raisonnée par Bourrit dans sa *Description des Glacières*, 1773.

(2) La boue glaciaire qui agglutine les bourrelets morainiques est toujours extrèmement dure et très escarpée. Aujourd'hui, en pareil cas, on y pratique des entailles avec les piolets; mais à l'époque des premiers explorateurs, ces instruments étaient inconnus, et l'on comprend que la descente à la Mer de Glace, ainsi que la remontée, durent être les parties les plus difficiles de l'excursion. Pour l'accès de la Mer de glace, les guides entretiennent depuis longtemps un sentier dont l'emplacement varie chaque année avec celui de la traversée.

(3) On dit maintenant crevasses.

Les *Bouquetins* se tiennent souvent par troupes, au nombre
de 15 ou 16 sur la glace (1). Nous n'en vimes point. Il y avait
bien des chamois, sur lesquels nous tirames, mais de trop
loin pour faire quelque effet.

Il y a de l'eau qui découle continuellement de la Glacière,
qu'ils estiment fort saine, et disent qu'on peut en boire en
tout tems, sans en ressentir la moindre incommodité, quand
même on a bien chaud.

Le soleil y donnait avec beaucoup d'ardeur. Et la réver-
bération de la glace, et des rochers circonvoisins, faisait qu'il
y avait beaucoup d'eau dégelée dans toutes les cavitez de la
glace. Mais la nuit je crois qu'il y gèle toujours.

Nos guides nous assurèrent que du tems de leurs pères la
Glacière était peu de chose ; et que même il y avait un passage par ces vallées par lequel on pouvait, en 6 heures de
tems, entrer dans la Val d'Aost (2). Mais que la Glacière était
accrue si considérablement que le passage était à présent
bouché, et qu'elle s'augmentait toutes les années.

Nous trouvames au bord de la Glacière plusieurs morceaux
de Glace, que nous prîmes d'abord pour des rochers, qui
étaient gros comme des maisons, et qui s'étaient séparez de la
Glacière. Je ne comprens pas comment ils s'y seront formés.

Aiant resté à peu près demi-heure sur la Glacière, et aiant
bu en cérémonie à la santé de l'amiral Vernon et au succès
des armes Britanniques, nous grimpames avec une fatigue
incroiable au sommet d'où nous étions descendus, la terre
s'éboulant sous nos pieds à chaque pas. De là, après nous
être reposés quelques moments nous commençames à descendre ; et nous arrivames à *Chamougny* presque à la nuit

---

(1) Il semble résulter de ce passage que les bouquetins étaient
encore à cette époque assez nombreux aux environs de Chamouni.
Il faut remarquer cependant que les voyageurs n'en virent point
et qu'ils ne font que rapporter les dires, sans doute un peu
grossis, de leurs guides. On sait que cet animal a disparu presque
complètement des Alpes, et ne se trouve plus que dans la vallée
d'Aoste, dans les chasses gardées du roi d'Italie.

(2) La tradition de l'ancien passage rapide vers Courmayeur par
le Col Major (depuis dit du Géant), a été plusieurs fois rapportée et
discutée. Les détails étaient évidemment erronés, car, en quelque
état que l'on suppose la montagne, la distance était toujours la
même, et elle est exclusive d'un trajet aussi rapide. Quant au
point de savoir si c'est l'extension ou le recul des glaces qui a
fait la difficulté, il est toujours extrêmement controversé. Ce qu'il
y a de certain c'est que les oscillations de ces glaciers ont une
amplitude considérable, puisque en 1826 le Glacier des Bois
atteignait les maisons du hameau des Bois (Payot, *Guide Itinéraire au Mont Blanc*, Genève, Ghisletty, 1869, p. 152-153).

au grand étonnement de tous les gens du lieu, et même de nos guides qui nous avouèrent qu'ils ne croiaient point que nous vinssions à bout de nôtre entreprise.

Notre curiosité étant pleinement satisfaite, nous partimes le lendemain de Chamougny, et aiant couché à Salanches, nous arrivames le 23 à la Bonneville. La proximité de cet endroit au Maule nous inspira l'envie d'y monter.

Nous partimes donc le lendemain, à la pointe du jour, de la Bonneville pour y aller. Nous crumes qu'après les Glacières toute montagne nous paraîtrait facile. Cependant nous mimes cinq grandes heures à monter au sommet (1), la pente étant d'une rapidité extraordinaire ; quoiqu'après avoir fait les deux tiers du chemin, on se trouve dans une belle prairie qui va jusqu'au sommet, qui est absolument pointu ; la montagne étant en pain de sucre et fort escarpée, du côté opposé à Genève.

De cette pointe l'on a une vue des plus charmantes : d'un côté sur le lac, Genève et les païs circonvoisins, et de l'autre sur des montagnes escarpées qui présentent une perspective des plus grotesques. Après avoir resté quelque tems dans cet endroit, nous descendîmes la montagne et allames coucher à Annecy, d'où le lendemain nous retournames à Genève.

Il faudrait que ceux qui dans la suite auraient envie de faire ce voïage, fissent en sorte de ne partir que vers la mi-aoust. Ils trouveraient beaucoup moins de neiges sur les montagnes, et pourraient alors aller aux Cristallières et à la chasse des Bouquetins. Ils trouveraient aussi les avoines coupées et leurs chevaux ne souffriraient pas tant.

Et quoique nous n'y aïons rien trouvé de dangereux, cependant je recommanderais toujours d'aller bien armez. C'est une précaution aisée, et dans de certaines occasions bien utiles. On ne s'en trouve jamais mal et souvent elle sauve des embaras (2).

---

(1) Aujourd'hui le *Guide Joanne* indique 3 h. 30 et 3 h. 45 comme nécessaires pour l'ascension du Môle au départ de Bonneville.

(2) Une note de M. Douglas Freshfield, publiée dans l'*Alpine Journal*, vol. XXIII, fascicule 173, août 1906, p. 247, nous donne la raison de ces recommandations aujourd'hui inexplicables. C'est que, même quelques années après, les vallées de Savoie étaient encore peu sûres, et une lettre du 10 septembre 1761 adressée par M. de Saussure au célèbre Dr Haller mentionne un attentat dont auraient été victimes deux savants allemands, dans les gorges du Salève.

Des baromètres, juger de la hauteur des montagnes, et
des thermomètres portatifs, et un quart de cercle pour prendre les hauteurs seraient fort utiles, s'il y ayait un mathématicien dans la compagnie, aussi bien qu'une lunette
portative.

Une tente ne serait pas nécessaire, à moins qu'on ne
voulût examiner tout, avec la dernière exactitude, et faire
des observations. Dans ce cas-là on pourrait dresser la tente
sur la montagne, et y rester si on était obligé d'y passer la
nuit. Il n'y fait pas extrêmement froid.

Avec ces précautions on pourrait parcourir les autres
parties de ces 3 vallées qui forment l'Y, et l'on pourrait
s'assurer si les fentes de la Glacière changent de jour en jour
comme on le dit. Même on pourrait examiner de près ces
rochers épouvantables qui sont au-delà de la Glacière, et
faire bien d'autres observations curieuses selon le goût et le
génie des voiageurs.

Une personne qui saurait dessiner aurait de quoi s'exercer
soit dans la route, soit au lieu même. Enfin d'habiles gens
feraient bien des choses que nous n'avons pas faites. Tout
le mérite auquel nous pouvons prétendre, c'est d'avoir fraié
le chemin à d'autres curieux.

Il faut porter avec soi des viandes cuites et du salé, du
pain et du vin, car on ne trouve rien de cela qu'en de certains endroits, et le peu qu'on trouve est mauvais. Nous
achetames des bêtes vivantes, que nous fimes tuer et
aprêter sur le champ.

Il est nécessaire de se pourvoir de licols pour attacher
les chevaux, et des fers à tous pieds, des clous et autres
instrumens pour ferrer les chevaux qui se déferrent à
tout moment, et on doit avoir l'œil réciproquement sur les
chevaux de ses compagnons pour voir s'ils ne sont point
déferrez.

Avec de telles précautions, tout voiage devient aisé et
agréable, même dans les païs les plus sauvages, et on est
plus en état d'examiner avec soin ce qui se présente de
curieux.

Voilà donc, Monsieur, tout ce que je peux vous dire de
notre voiage. Si j'ai tardé si longtems à vous donner cette
petite rélation, ce n'a été que parce que je sentais combien
j'étais incapable de faire quelque chose qui fut digne d'être
présenté à une personne d'un gout si excellent. Cependant,
à tout prendre, c'est vôtre bon gout qui devrait m'encou-
rager. Vôtre imagination vive et pénétrante, et qui réunit
à la fois le poëte et le peintre, saisira d'abord ces idées que

j'ai faiblement représentées, et suppléera à ce qui manque dans mes descriptions.

Je vous prie d'ailleurs de me faire l'honneur de me croire avec toute la considération possible.....

Lettre écrite par Pierre Martel, Ingénieur, à William Windham.

Nous partimes de Genève le 20 Aoust 1742.

Avant que de partir, je fis l'expérience du baromètre qui s'éleva à la hauteur de 27 pouces dans mon cabinet, et qui s'était trouvé le jour auparavant, au niveau du Rhône, de 27 pouces et 2 lignes, le thermomètre à 18 degrez au-dessus de la glace. Et nous allames de suite à la *Bonne-Ville*, où nous dinames, et où le baromètre se trouva à 26 pouces et 8 lignes, ce qui fait 6 lignes moins qu'au bord du Rhône (1).

Selon les observations qui ont été faites sur le Baromètre par Messieurs de l'Académie des Sciences de Paris, le mercure descend d'une ligne pour les premiers 60 pieds de hauteur, et de 61 et 62 à mesure que l'on monte plus. Avec cette progression arithmétique j'ai trouvé que l'*Arve* à la *Bonne-Ville* est élevée au-dessus du Rhône de 375 pieds, ce qui est très peu considérable, vû la distance de cinq heures de chemin.

Nous partimes de la *Bonne-Ville* à deux heures et demi, et fumes à *Cluse* environ les six heures, où nous ne fîmes que nous rafraîchir, et poussames notre route jusqu'à *Sallanches*.

Nous cumes beaucoup de plaisir dans la vallée qui conduit de *Cluse* à *Sallanches*, à cause des Echos qui nous amusèrent aussi bien que vous, soit avec nos pistolets, soit avec nos grenades (2). Il est admirable d'entendre ces roulements qui continuent, à certains endroits, durant quelques minutes.

------

(1) Altitude du lac de Genève : d'après l'Hypsométrie de De Candolle : moyenne : 375 m.; — d'après *Les Lacs Français* de Delebecque : 372 m. 28. — Altitude de Bonneville : 450 m. Distance de Genève à Bonneville : 30 kil.

(2) Les échos des alentours de Maglan, auxquels on ne prête plus guère attention de nos jours, faisaient la joie des premiers voyageurs. Le duc de La Rochefoucauld d'Enville, dans son voyage de 1762 (*Ann. C. A. F.*, 1893, p. 458, ss.), y mentionne aussi l'usage des pistolets et des grenades. De Saussure en parle

C'est dans cette même vallée, où vous remarquates tant
de cascades : entr'autres celle du *Nan d'Irpenaz*. Mais nous
fumes privés de ce plaisir, à cause de la grande sécheresse.

Comme nous étions partis tard de *Cluse*, nous ne pumes
arriver à *Sallanches* qu'à 9 heures du soir. Et ce ne fut pas
même sans peine, à cause d'un de nos chevaux qui s'était
rendu de fatigue, une demi-heure avant que d'arriver.

Etant arrivez à *Sallanches* (petite ville à peu près comme
la Bonne-Ville), le baromètre se trouva à 26 pouces 4 lignes,
ce qui était 10 lignes moins qu'à Genève, et qui par conséquent 645 pieds plus haut que le Rhône à Genève (1). Le
thermomètre se soutint au même point qu'à Genève. (Il y a
là des chanoines qui étendent leur jurisdiction jusques à
Chamougni).

Nous partimes de *Sallanches* le matin et j'eus la même
hauteur au baromètre. De là nous vinmes à *Servoz*.

Mais avant que d'aller plus loin, je ferai une petite
remarque sur la carte.

Sallanches, comme vous savez, est sur la rive gauche de
l'*Arve*, en venant de sa source. Il est situé sur une petite
rivière que l'on nomme *la Sallanche*, qui se jette dans l'Arve
au-dessus du *Pont de St Martin*. C'est un très beau pont de
pierre, et même le plus considérable qu'il y ait sur l'Arve (2).
Il est entre *Sallanches* et le village de *St Martin*, environ
à un demi-quart d'heure de *Sallanches*. Cependant la carte
met *la Sallanche*, quoique sans nom, à près de 200 pas
au-dessous (3) de *Sallanches*, et ne la fait point passer par la
ville.

Sallanches est situé dans une large vallée, qui forme une

---

dans ses *Voyages dans les Alpes*, I, p. 329. De même Leschevin,
Voyage à Genève et dans la vallée de Chamouni, 1812, p. 144.
L'écho est signalé par tous les *Guides* et encore par le *Guide de
Suisse*, d'A. Joanne, édition de 1882, p. 103 : on fait tirer le canon
pour 1 franc. Il est probable que le chemin de fer a supprimé
cette industrie.

(1) Altitude de Sallanches : 541 m. Distance de Genève à Sallanches : 59 kil.

(2) Emporté en 1733, il avait été rétabli en 1736 (Bourrit,
Description des Glacières, p. 18

(3) Le manuscrit de Paris, publié par M. Dufour, porte *au-dessus*
de Sallanche. — Vérification faite, la carte de Borgonio de 1680,
la seule que pût avoir Martel, fait en effet passer la Sallanche en
aval, au-dessous de la ville, tandis que la révision de Stagnoni,
faite en 1772, l'emplace en amont. — Ce dernier figuré est du reste
en ce point plus erroné que le premier et ne déplace que la ville
qui n'est plus alors en face de St Martin ni sur la route qui les
rejoint.

très-belle plaine, qui s'étend à près de 4 heures de chemin, en venant à peu près de l'Est à l'Ouest, depuis l'endroit où la *Gouille* et le *Nan des Bois* se jettent dans l'Arve, au bas de la montagne de *Passi*, à sa partie la plus orientale, et s'étend beaucoup en deçà du *Pont de St Martin*.

L'on voit à droite et à gauche de hautes montagnes, mais si bien cultivées, qu'elles ressemblent à nôtre côteau de Cologni (1) : surtout celles de la rive gauche de l'Arve, de laquelle je n'ai pas sû le nom (2) : car pour celle qui lui est opposée, c'est la Montagne de *Passi*.

La plaine dont je viens de parler est traversée par l'Arve, qui, sous *Passi*, forme plusieurs Isles, que l'on nomme pour cette raison *les Isles de Passi*, et se réunit près de *Sallanches*, et laisse une belle prairie bien cultivée que les habitants appelle *la Plaine des Droits*, parce que chacun en a sa portion, que l'on nomme *Droit*, en patois du païs (3).

En venant de *Sallanches* à *Servoz*, nous passames par *Passi*, village situé presque au pied de la montagne du même nom. Cette paroisse contient plusieurs hameaux qui font près de 3 lieues d'étendue. *Passi* est à la rive droite de l'Arve, et l'on voit de l'autre côté à la rive gauche le village de St *Gervais*, quoique la carte le mette à la rive droite, à une demi-lieue loin de sa place naturelle (4).

En quittant la vue de St *Gervais*, nous commençames à grimper la montagne. Nous traversâmes un petit pont, sous lequel passe une eau, que l'on appelle *la Gouille*, qui roule de la montagne avec un sable très noir. Cependant près du pont, il y a un petit étang, au bas d'une colline, où cette eau est extrêmement belle et claire (5).

A très peu de distance, on trouve une autre eau que l'on

---

(1) Lieu de villégiature à 40 minutes de Genève sur la route de Thonon, près du bord du Lac. Lord Byron y séjourna en 1816 et y écrivit trois chants de Child-Harold et la tragédie de Manfred (A. Joanne). On écrit aujourd'hui Cologny.

(2) Collines de Combloux et d'Hauteville.

(3) Cette indication rapportée par Martel permet de croire que la plaine avait été récemment conquise, par assèchement naturel ou artificiel, sur les marécages qui avaient sans doute succédé à un lac géologique.

(4) Cette erreur avait été en effet commise par la carte de Borgonio de 1680 et toutes celles ultérieures de De Fer, de Jaillot, du Père Placide, de Seuter, etc. qui s'en étaient inspirées. Elle a été rectifiée par la révision de Stagnoni en 1772.

(5) Il ne s'agit pas ici du lac de Chède, dont la visite exigeait un détour, et qui, célébré par les écrivains du commencement du xixe siècle, fut comblé par un éboulement en 1837.

appelle le *Nan des Bois* (1). Celui-ci charie un sable noir, que les habitants m'ont assuré être d'autant plus noir que l'eau est plus abondante.

De là nous vinmes à *Servoz*, qui est au bord de l'Arve, à la rive droite, dans une vallée fort resserrée, d'où l'on commence à découvrir les *Montagnes des Glacières*. Le baromètre fut à 26 pouces 17 lignes (2), ce qui fait 19 lignes plus bas qu'à Genève ; et donna pour hauteur 1.311 pieds, et de *Sallanches* 9 lignes de différence, ce qui donne 576 pieds sur 5 heures de chemin. Aussi est ce la plus grande pente que l'Arve ait, depuis qu'elle est descendue du *Col de Balme*, où elle prend sa source. Ici elle se précipite de montagne en montagne jusques à ce qu'elle ait rencontré la *Plaine de Passi*.

A *Servoz* l'on nous fit voir de la mine de plomb qui me paraît ne valoir pas grand'chose. L'on m'a assuré que cette *Vallée de Servoz* était autrefois un lac. Il y a encore une vieille Tour, que l'on nomme la *Tour du Lac*, à très peu de distance de l'Arve. L'on dit de plus qu'il y avait au bord de ce lac une ville nommée la ville de Sᵗ *Pierre*, qui fut engloutie ; et que le lac aiant rompu ses bornes s'écoula dans l'Arve ; et il n'est plus resté en sa place qu'une vallée un peu marécageuse (3).

De *Servoz* nous primes la route de *Chamougny*. Nous avons eu l'Arve à nôtre droite, que nous avons passée sur un fort mauvais pont que l'on nomme le *Pont Pélissier*, d'où nous sommes venus à cette montagne si rude que l'on appelle *les Montées*, où le cheval de nôtre voiturier perdit son fer, et la moitié de la botte (4), ce qui nous arrêta assez

---

(1) Sans doute le Nant Noir de De Saussure (*Voyage dans les Alpes*, I, p. 351).

(2) Le manuscrit porte 26 pouces 17 lignes, mais une note en marge indique 25 pouces 17 lignes, et la comparaison avec les autres mesures données montre que c'est là la véritable observation et que le chiffre de 26 est une erreur due sans doute au copiste.

Altitude de Servoz : 817 m. — De Sallanches à Servoz : 13 k. 1/2, pour une différence de niveau de 276 m.

(3) Les Documents relatifs au Prieuré et à la vallée de Chamonix publiés par MM. A. Perrin et Bonnefoy, attestent l'existence d'une ancienne paroisse du Lac, et il reste encore en amont de Servoz un petit hameau dénommé le Lac. Une légende persistante dans le pays rapporte l'existence de ce lac sur les bords duquel se serait élevée la ville de Dionysia, qui aurait laissé son nom à la Diousa ou Diosa, dont les gorges sont célèbres. On a retrouvé, près du Chatelard, une sorte de tunnel de travail très ancien, attribué aux Romains, qui aurait servi à la régularisation de ce lac (Ch. Durier, le *Mont Blanc*, 1877, p. 33, s. s.).

(4) Il doit y avoir là une erreur du copiste. La version anglaise donne : *et presque tout son sabot.*

longtemps. De là nous entrames dans la vallée de *Chamou-gny*, aiant l'Arve à nôtre gauche, et à nôtre droite une belle colline (cette colline se termine jusques au Mont Blanc du côté méridional) où je découvris plusieurs apparences de mines de fer. Au moins ces apparences ne différaient en rien de celles que nous indiquaient les mines, lorsque j'étais en Bourgogne.

Après une grande heure de chemin nous passâmes au village de *Fouilli*, qui n'est qu'un hameau de la paroisse de *Chamougny*; et de là on passe à *Moncoir* où est une église dépendante de *Chamougni* (1).

Il faut remarquer que lorsque nous dirons Chamougni, ou *Prieuré*, cela désignera la même chose.

De *Moncoir* nous avons passé l'Arve et l'avons laissée à nôtre droite, et sommes arrivez au Prieuré environ les 5 heures du soir.

Je fis l'expérience du baromètre qui se trouva au bord de l'Arve à 25 pouces 4 lignes (2); ce qui est un pouce 10 lignes plus bas qu'à Genève près du Rhône. Ainsi je conclus que la hauteur de l'Arve, à cet endroit, est d'environ 1551 pieds au dessus du niveau du Rhône.

Je mis la nuit du 22 au 23 mon thermomètre en expérience, et le trouvai le matin à deux degrez au dessus de la glace ; par conséquent il était descendu de 16 degrez : ce qui fut cause que nous prîmes le parti de nous mieux habiller pour aller à la montagne, pour laquelle nous partimes environ les 6 heures du matin, aiant avec nous sept hommes, tant pour nous aider à monter que pour porter nos provisions (3). J'eus un homme qui me soutint en montant, et qui ne m'a jamais quitté d'un pas, sans quoi je ne serais jamais parvenu au bout

---

(1) Notre écrivain orthographie tantôt Chamougni, et tantôt Chamougny comme le faisait Windham. Il ne semble pas probable qu'ils se soient pour cela référés à des documents anciens. mais plutôt qu'ils ont cherché à rendre la phonétique des sons employés par les gens du pays. Les anciens titres recueillis par MM. Perrin et Bonnefoy donnent toujours la forme latine Campi Muniti, qui a formé *Camp'Mounit'*, *et par corruption* Chamouni. Le *g* ne servait ici qu'à mouiller la dernière syllabe conformément à la prononciation locale.

(2) En marge se trouve une note ainsi conçue : *ou d'un autre manuscrit 27 pouces 20 lignes*. L'auteur de notre pièce a donc eu sous les yeux plusieurs des copies du récit-lettre de Martel, et il a avec raison préféré ici la version exacte.

Altitude de Chamouni: 1050 m. — donc 675 m. au-dessus de Genève.

(3) M. Ch. Durier fait judicieusement remarquer ici la différence déjà faite entre les guides et les porteurs (loc. cit. p. 57).

Au reste, nous avions pris les mêmes précautions que vous aviez observées pour monter, et je me munis de mes instrumens et de mon baromètre, dont je chargeai un homme.

Aiant monté environ 3 heures, je fis, à une pause, l'expérience qui me donna le mercure 16 lignes moins ou plus bas qu'à Chamougny, et par conséquent environ 1080 pieds que nous avions monté.

Nous parvînmes à la Montagne qu'ils appellent *Montanvert*, d'où nous vîmes *les Glacières* ou *la Vallée de Glace*.

Je vous avoue que je fus frappé d'étonnement à ce nouveau spectacle, je vous en dirai mon sentiment avant que de quitter Chamougni.

Je fis l'expérience du baromètre qui vint à 22 pouces 8 lignes (1) : ce qui faisait 32 lignes depuis le pied ou Chamougni, ce qui fait pour la hauteur de la Montagne 2486 pieds, et sur le niveau du Rhône 4446 pieds.

Nous descendîmes pour dîner, en approchant de la glace, derrière une espèce de rempart fait de grosses pierres, que la glace a élevées, où le baromètre se trouva deux lignes plus haut : ce qui nous désigna que nous avions descendu environ 120 pieds. Nous fîmes la soupe dans cet endroit, et dinâmes sous une grande pierre pour être à l'ombre (2); mais nous ne pumes y rester que très peu à cause du froid, qui nous obligea à nous mettre au soléil, quoique je fusse habillé comme au plus gros de l'hyver. Et après avoir bû à la ronde à vôtre santé, chacun courut de son côté, les uns sur la glace, les autres chercher le cristal. Et moi je retournai avec deux hommes à *Montanvert*, où je restai environ 3 heures, que j'emploiai à faire une espèce de carte des Glacières, que je joins à la fin de ce Mémoire.

---

(1) Altitude du Montenvers : 1921 m. — d'où 870 m. au-dessus de Chamouni, et 1545 m. au-dessus de Genève.

(2) C'est probablement la grosse pierre dite encore Pierre des Anglais et sur laquelle sont profondément gravés les noms de Pococke et de Windham, avec la date de 1741, travail qui étant donnée la dureté du granit dont est fait ce bloc et la netteté des lettres a dû prendre beaucoup de temps. Il est à remarquer que dans la relation de Windham le séjour de la caravane auprès de la glace étant limité à une demi-heure, il est impossible que cette inscription ait été faite à ce moment. Le long séjour de la caravane Martel pourrait expliquer cet hommage rendu aux prédécesseurs par un des compagnons de l'ingénieur. On n'a du reste aucune certitude sur la date de cette inscription.

La Pierre des Anglais est à environ 200 m. en aval de l'endroit où l'on aborde maintenant la Mer de Glace. Le bourrelet mentionné par Martel existe toujours et le sentier qui la rejoint est en général tracé sur le sommet de ce bourrelet morainique.

Il faut vous dire que je fus fort aidé dans cette opération
par mon guide qui était fort entendu : non-seulement il
connaissait le païs, mais encore il avait travaillé dans les
dernières mensurations que le Roi de Sardaigne a fait faire
dans la Savoie. (1)

Je crois cette espèce de carte d'autant plus juste que je
l'ai confrontée sur la Mappe du lieu, que j'ai vu chez Monsieur
le Greffier de *Chamougni*, qui a bien voulu me la commu-
niquer, et de laquelle j'ai tiré plusieurs lumières.

J'aurais voulu dessiner la vue des Glacières : mais ma
chambre obscure n'aïant pu me servir, parce que les montagnes étaient trop hautes et trop près, je pris le parti de
descendre, et partis à trois heures de *Montanvert* d'où je
n'arrivai qu'à sept heures du soir au *Prieuré*.

Mon dessein était, à mon arrivée à *Chamougni*, de dessiner
ou croquer dans ma chambre obscure quelques vues. Mais
il me fut du tout impossible, étant trop fatigué ; ce que je
renvoyai au lendemain matin, croiant que mes compagnons
ne voudraient pas partir sitôt. Mais leur dessein était formé
de partir de bon matin. Tout ce que je pus faire, fut de
gagner du tems jusques à 9 heures. Je fus dez les 6 heures du
matin en campagne. Je mesurai la hauteur du *Mont Blanc*,
avec mon demi-cercle, par deux opérations différentes, qui
se rencontrèrent fort justes. J'en fis de même au *Montanvert*,
où nous avions été, et j'emploiai le reste de mon temps à
croquer cette vue de *Chamougni* étant au-dessus de l'église,
d'où je pouvais découvrir la montagne où l'Arve prend sa
source, les principales gorges des Glacières et le village tel
que vous le verrez (2).

---

(1) Ces mensurations se rapportent sans doute aux opérations
préliminaires qui aboutirent à la révision complète de la carte de
Borgonio, et au remplacement de sa gravure sur ses propres
cuivres par la carte que dessina Stagnoni et qui fut publiée
en 1772. La vallée de l'Arve est précisément un des points où
sous le dessin de la nouvelle carte on retrouve les traces les plus
évidentes de l'ancienne. (Hauteville au-dessus et à gauche de
Petit Pont, plus haut Charousse, puis Cervoz, etc.). (Voir Henri
Ferrand, « Les destinées d'une carte de Savoie », *Bulletin de Géo-
graphie historique et descriptive*, 1904, n° 2, p. 196).

(2) Ces vues sont jointes à la brochure anglaise qui fut publiée
par Peter Martel à Londres en 1744.

Cette brochure donne deux planches : l'une à pleine page a
l'intention de donner la vue de l'Aiguille du Dru et de la vallée de
glaces prise du Mont-Anvers (sic) : elle est signée Price, du nom
d'un des compagnons de Windham, et remonte par conséquent à
la première excursion. L'autre planche est divisée en trois compar-
timents dont l'un représente les animaux de la région, bouquetin,

Je fus en tout cela accompagné et aidé de M^r le Prieur, qui est fort curieux et fort entendu. Ce n'est pas le même que vous avez vû.

J'interromprai ici la suite de mon journal, pour m'arrêter un moment à donner une idée plus distincte de la vallée de Chamougni, des Glacières, et de ce qui m'a paru le plus digne de remarque, pendant le peu de temps que j'y ai resté, y étant arrivé le mardi au soir, environ les 5 ou 6 heures, et en étant parti le jeudi matin entre 9 et 10.

Je dirai d'abord que la *Vallée de Chamougni* peut être considérée, depuis l'endroit où l'on cesse de monter cette Montagne que l'on appelle *les Montées*, jusques à la Montagne où l'*Arve* prend sa source, qui est le *Col de Balme*, confinant la vallée du côté du Nord-Ouest ou plutôt du Nord.

L'on a voulu donner à cette vallée la figure d'un croissant. Mais il faudrait pour cela qu'elle vînt en diminuant aux deux bouts, et qu'elle s'élargit au milieu. Mais bien au contraire, elle est plutôt plus étroite dans son milieu. Cependant il faut convenir qu'elle courbe fort.

La première partie que l'on rencontre, en y allant de *Servoz*, est presque dirigée de l'Occident à l'Orient, et de l'autre ensuite au Nord-Est. Ainsi elle se replie en arrondissant à peu près dans son milieu.

Cette vallée contient plusieurs hameaux divisez dans sa longueur, qui est d'environ 6 heures de chemin : car pour sa largeur, du moins au milieu, elle ne peut avoir tout au plus que 400 pas géométriques.

Je distingue dans ces hameaux les quatre principaux qui sont *Fouilli* (1) en entrant dans la vallée, *Moncoir* (2) où est une église à la rive gauche de l'Arve, *le Prieuré* qui est au milieu, que l'on prend pour *Chamougni*, qui est à la rive droite, et *Argentière*, presque au fonds de la vallée.

Cette vallée est bornée au Nord-Est par la montagne de *Balme*, autrement dite *le Col de Balme*, où l'*Arve* prend sa source, par deux endroits fort peu distans l'un de l'autre ; aiant au Sud-Est *les Glacières* dans toute l'étendue de la

---

chamois et marmotte ; l'autre montre ce dessin de Martel, la vallée prise au-dessus de l'église ; et le troisième est sa fameuse carte-esquisse du cours de l'Arve où le nom du Mont Blanc apparait pour la première fois.

(1) Aujourd'hui le Fouilly, hameau de la commune des Ouches sur la rive gauche de l'Arve et un peu en amont du pont Sainte-Marie.

(2) Aujourd'hui Montquart, aussi hameau de la commune des Ouches.

vallée, lesquelles Glacières s'étendent jusques au-dessus de
St-Gervais, dans la vallée de Sallanches, où il y a une Glacière, que l'on appelle *Glacière de St-Gervais* (1). Celle-ci
vient du Mont Blanc, qui se replie un peu pour s'étendre
vers le Sud, en évitant de suivre la courbure de la vallée.

Le côté Nord-Ouest est borné par les Montagnes de *la
Valorsine*, et le Sud-Ouest par la gorge qui y conduit, en
venant de Servoz.

Toute la vallée est traversée par l'*Arve*, qui passe a peu
près au milieu de sa largeur, recevant en son chemin
l'*Arbeiron*, et plusieurs ruisseaux et ravines, qui fournissent
de l'eau seulement lorsque les neiges fondent.

Pour avoir à présent une idée distincte des *Glacières*, il
faut se représenter une grande vallée à peu près parallèle à
celle de *Chamougni* (2), mais de beaucoup plus élevée, puisqu'elle est située presque au sommet des Montagnes.

Cette vallée peut avoir environ 4 heures de longueur sur
deux tiers de large. L'on en voit une grande partie depuis
Montanvert, qui est le lieu de la Montagne où nous sommes
montez. L'on voit de cette Montagne s'élever une grande
quantité de Pointes d'une prodigieuse hauteur, quoique
celle sur laquelle nous sommes montez, le soit de près de
2.486 pieds de Paris; le baromètre aiant été, au-dessus, plus
bas de 32 lignes qu'à son pied, et aiant calculé la hauteur
par une opération trigonométrique, sur une base de 1.440 pieds,
j'ai trouvé 50 pieds de plus, et cela par deux opérations
différentes. Et de la même base, aiant mesuré la hauteur de
la plus haute pointe, j'ai trouvé par deux *opérations*
11.008 pieds, y compris la hauteur de la Montagne où nous
sommes montez (hauteur du Mont Blanc, sur la base
11.008 pieds, sur le Rhône 12.559 pieds).

La plûpart de ces pointes sont toutes couvertes de glace,
depuis leur sommet jusque dans leurs gorges ou bases, qui
sont toutes aboutissantes aux Montagnes qui forment *la
Vallée des Glacières*; les unes d'un côté, et les autres de
l'autre.

Représentez-vous à présent cette grande vallée que je
vous ai dit être à peu près parallèle à celle de *Chamougni*,

---

(1) L'auteur veut sans doute parler ici du Glacier de Bionnassay.

(2) Martel faisait erreur en indiquant que la Mer de Glace, la
seule partie de la Vallée de Glace qu'il ait vue, était parallèle à
la vallée de Chamouni, alors qu'elle forme presque un angle droit
avec elle. Mais son appréciation, en quelque sorte divinatoire,
devient à peu près juste pour la partie supérieure qu'il ne voyait
pas, le Glacier du Géant et le Glacier du Tacul.

comme un lac qui aiant été furieusement agité par une grande bise se serait gelée tout d'un coup dans cet état. Car toute la Glacière paraît du premier coup d'œil, vue de la Montagne, sous une telle figure, ainsi que vous l'avez fort bien dit. Mais dez que l'on en approche, quelques unes de ces vagues paraissent avoir plus de 40 pieds de hauteur.

Représentez-vous ensuite cette grande vallée de glaces ouverte en plusieurs endroits par des gorges de Montagnes, dont il y en a cinq des principales qui aboutissent à la vallée de *Chamougni*. Ce sont ces extrémitez ou gorges que les habitants de Chamougni appellent *Glacières*.

Pour juger à présent de la cause qui entretient continuellement la glace dans cette vallée, il faut se représenter d'abord qu'elle est élevée au dessus de la vallée de *Chamougni*, — je parle de la surface supérieure de la glace, — au moins de 2.196 pieds, ce qui fait que toutes les gorges sont fort rapides : cependant les unes plus, les autres moins, suivant leur obliquité. Cette grande hauteur fait que l'air est toujours froid dans cette vallée. En voici quelques preuves certaines.

Nous y avons été dans le mois d'Aoust dernier, dans un tems très beau et très sec, sans aucune apparence de pluie, n'aiant apperçu ni vent ni bise pendant le jour que nous avons été à la montagne. Cependant mon thermomètre descendait à deux degrez au dessus de la glace, et cela à la vallée de Chamougny, où l'air n'est pas à beaucoup près aussi vif qu'il doit l'être à la vallée de glace.

De plus en partant le matin nous vimes le lit de plusieurs ruisseaux, qui descendent des montagnes, totalement secs dans le jour, et donnant beaucoup d'eau le soir à nôtre retour.

L'on voit sur la Vallée de Glace une infinité de petits réservoirs qui contiennent une très belle eau, qui paraît bleue, à peu près comme la couleur qu'on tire du verd-de-gris, laquelle se congèle d'abord après le coucher du soleil, et cela dans les plus grandes chaleurs.

Si l'on se représente ces hautes Montagnes dont j'ai déjà parlé, dont les cimes vont de beaucoup au-dessus des nües, si l'on se représente cette prodigieuse quantité d'eau qu'elles doivent donner par la fonte des neiges qui les couvrent à la moindre pluie que l'on ait dans la plaine, et que les eaux et neiges se convertissent en glace sitôt après le coucher du soleil, l'on découvrira aisément la cause qui entretient continuellement ces glaces qui couvrent cette vallée et ces montagnes. Je crois ces raisons suffisantes pour expliquer la cause qui entretient continuellement cette glace sans avoir recours aux effets du nitre. Aussi n'y en avons-nous apperçu aucune apparence dans le goût de la glace. Au lieu que la glace du Vallay a un goût âcre, celle-ci a un goût comme l'eau de nos meilleures fontaines.

Les Glacières et la vallée de glace ne sont pas toujours dans le même état. Les glaces augmentent et diminuent suivant le tems. Il y a apparence qu'elles ont été beaucoup plus abondantes. Il m'a paru qu'elles ont dû avoir plus de 80 pieds au-dessus du lieu où elles sont actuellement par les vestiges qui y sont restez. L'on voit à droite et à gauche de la glacière une pierre blanche, meslée d'un sable blanc, ressemblant assez l'un et l'autre aux décombres des vieux bâtimens. La pierre paraît calcinée, et se rompt au moindre attouchement, comme la chaux qui aurait été exposée pendant quelque tems à l'air. Les bords de la glacière sont fort escarpez, apparemment parce que la glace élève les bords comme je le dirai ci-après.

Le lieu où nous avons dîné peut être considéré comme un gros revêtement de massonnerie, dont la plupart des pierres sont très grandes et rangées les unes sur les autres comme un mur, étant fort escarpé du côté de la glace, sans presque aucun talus. Cette espèce de mur me parut avoir plus de 80 pieds de hauteur, sur 20 d'épaisseur. Au lieu où nous étions il laissait au-dessus une espèce de parapet, et derrière soi un petit terrain plain allant finir dans la montagne, ce qui faisait que nous ne pouvions voir la glace de cet endroit, sans monter sur le parapet (1).

J'ai dit que les vagues (c'est ainsi que j'appelle les inégalitez de la glace) avaient quelques unes près de 40 pieds de hauteur. Elles sont toutes dirigées d'une manière latérale ou oblique, n'y en aiant point de longitudinales, étant toujours dans un sens contraire à la plus grande étendue de la glace : tellement que dans la vallée elles sont dans un sens, et dans un autre dans les gorges, suivant toujours à peu près le sens contraire au cours de la glace. Les petites sont dans la même direction : mais presque toutes leurs cavitez sont remplies d'une eau très-claire, de laquelle j'ai déjà parlé, n'aiant rien dans le goût, ni dans la couleur qui la puisse distinguer de l'eau de nos fontaines, excepté une très-grande fraîcheur. Mais d'ailleurs excellente à boire, soit seule,

____

(1) Cette description du bourrelet morainique auquel nous avons fait allusion ci-dessus en parlant de la Pierre des Anglais, est encore tout-à-fait exacte.

ou mêlée avec du vin. J'en juge après mes compagnons de voiage, lesquels y sont fort entendus.

L'on voit sur la glace une infinité de fentes plus ou moins grandes : aiant les unes environ 20 pieds de longueur, sur 4 à 5 de large; et les autres beaucoup moins.

Ces fentes sont presque toutes dans la partie faible de la glace, c'est-à-dire dans les abaissemens des vagues, et dirigées presque toutes d'une manière lattérale, ou oblique, comme les vagues. C'est par ces fentes que nous avons pu juger de l'épaisseur de la glace, du moins à ces endroits où la fente n'est environ que de 5 à 6 pieds, étant aux autres endroits depuis 30 à 50 pieds. La réflexion de la lumière fait que l'on voit la glace dans ces fentes, comme si l'on y regardait avec un prisme.

C'est quelque chose d'admirable de voir, même depuis la montagne, les mélanges de bleu et de verd venir de toutes ces fentes et de tous ces réservoirs d'eau, dont j'ai déjà parlé, surtout lorsque le soleil donne sur cette vaste Vallée de Glace.

Par ces mêmes fentes l'on voit sous la glace des eaux qui en découlent, du moins dans le jour, qui doivent toucher parfois la surface inférieure de la glace : dont voici deux preuves, qui me paraissent incontestables.

1ᵉ. — Nos guides y enfoncèrent un bâton fort avant, et l'aiant abandonné de la main, il se releva de lui-même. Ce ne peut être que l'eau qui ait pu produire un tel effet, et comment l'aurait-elle pu faire si elle n'avait touché la glace.

L'autre preuve, c'est que lorsque quelcun tombe par malheur dans une de ces fentes, ce qui est arrivé à quelques chercheurs de cristal, l'on les retrouve sur la glace très bien conservez au bout de quelques jours, sitôt qu'il y a eu un peu de pluie ou de redoux, suivant le tems. La cause de ce retour sur la glace ne peut venir que par la surabondance de l'eau qui ne trouvant pas assez de passage sous la glace, sort par ces fentes pour se chercher une autre route. Aussi est-ce ainsi qu'elle se dégage de tout ce qui s'oppose à son passage. Mais parce que la quantité de fentes, quoique fort nombreuse, n'est pas toujours suffisante pour laisser le passage à cette prodigieuse quantité d'eau, il se peut fort bien qu'elle soulève toute la masse de la glace.

L'on pourrait tirer de ceci plusieurs conjectures, tant pour découvrir la cause de l'accroissement des Glacières, même pendant les plus grandes chaleurs, que pour expliquer l'élévation des pierres dans leurs bords.

Car c'est une chose de fait que les Glacières ont leur

accroissement aussi bien dans l'été que dans l'hyver, et que la glace élève toutes ces pierres que l'on voit au bord.

Quelques personnes ont estimé la vallée très profonde sous la glace, et qu'il y avait des endroits où il se formait des amas d'eau, qui après un certain tems rompait la glace et causait des inondations. Mais je ne le crois pas certain, n'en aiant vu aucune preuve (1).

D'autres personnes ont cru que l'accroissement et le décroissement des Glacières était périodique, savoir sept ans pour croître, et sept ans pour décroître. Mais c'est une fable. Elles croissent et décroissent, cela est vrai : mais selon les tems. Rien ne contribue plus à leur accroissement que les pluies froides, et à leur abbaissement que les pluies chaudes et le vent du Midi.

J'ai déjà dit que l'épaisseur de la glace était fort considérable. Je dirai un mot sur sa consistance. Nous l'avons trouvée généralement beaucoup plus légère et plus mince dans les bords que dans le milieu : car quoi que l'une et l'autre surnage dans l'eau, cependant celle du milieu s'enfonce beaucoup plus que celle des bords.

J'ai dit que les Montagnes ou Pointes que l'on voit depuis la montagne que l'on monte sont fort hautes, et qu'il y en a plusieurs. J'en ai distingué trois principales : savoir une vers le Midi, et deux en tirant vers l'Ouest (2). Celle qui est vers le Midi, que l'on voit d'abord devant soi, est celle que l'on nomme l'*Eguille du Dru*. Cette pointe ressemble à une obélisque, dont la cime se perd au-dessus des nûes, faisant au sommet un angle fort aigu (3). Elle ressemble fort à une grande tour gothique, bâtie d'une pierre blanche et brune, dont les parties sont toutes fort rustiques. Car il faut remarquer que les morceaux qui s'en détachent, le font toujours verticalement, en laissant de petites parties isolées par ci-par là, et qui font que toute cette montagne parait composée d'une infinité de petites tours, ce qui fait un très-bel effet

---

(1) La preuve en est malheureusement résultée de la poche d'eau ou lac intérieur du Glacier de Tête Rousse, dont la débâcle s'est produite le 11 juillet 1892 et a entraîné la terrible catastrophe de Saint-Gervais (Voir *Annuaire du Club Alpin Français*, 1892, p. 399 s.s.).

(2) On peut croire que la boussole de Martel était retournée car ce sont presque les orientations contraires qu'il faut lire tout au long : Aiguille du Dru à l'Est, et Mont Mallai (Aiguille du Géant), au Sud.

(3) Il donne ainsi par avance la description de la singulière gravure de Naudet qui orne le *Voyage pittoresque en Suisse et en Italie,* de Cambry (1801).

lorsque le soleil l'éclaire, par l'agréable mélange de clair et de brun, qui y est varié à l'infini.

Les autres deux pointes qui sont du côté de l'Occident sont l'Eguille du Mont Mallai, le plus près de l'Eguille du Dru, et le *Mont Blanc* qui est le plus vers l'Occident.

C'est cette Pointe du *Mont Blanc* qui passe pour la plus haute des Glacières, et peut-être des Alpes. Plusieurs personnes du païs qui ont voiagé m'ont assuré l'avoir vue depuis Langres et d'autres depuis Dijon.

La montagne où l'on monte pour voir la vallée de glace a trois noms. La partie du côté de l'Orient s'appelle le *Montanvert* ; celle du milieu, les *Charmaux* ; et celle du côté du couchant s'appelle *Blaitière*. Sur cette montagne s'élèvent 4 Pointes, dans le goût de l'Eguille du Dru, que l'on nomme les *Pointes des Charmaux*.

Toutes ces Pointes sont absolument inaccessibles (1) ; les unes à cause de la glace qui en couvre la surface presque partout, comme sont le *Mont Mallay* et le *Mont Blanc*, et les autres parce qu'elles sont trop escarpées.

C'est au pied de ces montagnes, et le long de la vallée des Glacières, que l'on trouve le *Cristal*, et non pas sous les Glaces comme quelques-uns l'ont prétendu.

Le *cristal* se trouve dans l'épaisseur du roc de cette manière. Ceux qui le cherchent le connaissent à certaines veines blanches et bleues qu'ils voient sur le roc : c'est ce qu'ils appellent *Apparence*. Ces veines sont ou seules ou plusieurs ensemble, venant se réunir à un même point. Ils frappent à l'extrémité des veines, et dès qu'ils apperçoivent un son creux, ils rompent le rocher et trouvent le cristal dans des excavations, qui sont quelquefois profondes de quelques pieds, qu'ils appellent Fours.

Le cristal est une pierre qui se produit par une lente végétation, et non par congélation. Chacun sait que ce sont des branches, toutes de figure exagonale, jointes les unes aux autres, à peu près comme les niches que font les abeilles,

---

(1) A part le Mont Blanc qui fut, comme on le sait, gravi par Paccard et Balmat en 1786 et par de Saussure en 1787, l'appréciation de Martel devait demeurer exacte pendant plus d'un siècle, car la première ascension de l'Aiguille du Dru n'eut lieu que le 12 septembre 1878 (*Annuaire C. A. F.*, 1878, p. 260 ss.), celle du Grand Charmoz le 15 juillet 1880 (*Alpine Journal*, vol. x, n° 70, p. 95), celle de l'Aiguille de Blaitière le 6 août 1874 (*Alpine Journal*, vol. v⸳⸳, n° 46, p. 105) et celle de l'Aiguille du Géant qui portait autrefois le nom de Mont Malay, le 29 juillet 1882 (*Bollettino du Club Alpin Italien*, année 1882, n° 49, p. 28).

ainsi qu'elles sont décrites dans le *Spectacle de la Nature*. Ces branches sont quelquefois inégales en grosseur et en longueur : mais se terminent toutes en pointes de diamant. comme si elles avaient été taillées. Elles sont toutes adhérantes à une espèce de pierre de figure informe, tenant de la nature de la roche et du cristal, de couleur bleue, blanche, brune et noire, extrêmement dure et pesante.

C'est cette pierre que l'on appelle *Matrice*. Il faut remarquer que dez que l'on a une fois détaché le cristal, il n'en revient plus d'autre, quoique l'on la laisse à la même place d'où l'on l'a tirée : et c'est ce qui a fait penser que le cristal avait été formé dès la fondation du monde.

La suite des tems fait que quelques-uns de ces fours ou Cristallières s'éboulent avec les morceaux de rochers qui les contiennent et vont rouler jusque sur la glace. C'est ce qui fait que les bergers trouvent souvent des morceaux de cristal sur la surface de la glace, et même quelquefois adhérants avec elle, et quelquefois dans le courant de l'eau. Ils y sont venus par les fentes de la glace.

Il y a certains endroits où le bétail traverse la glace pour aller paître au pied des montagnes de l'autre côté de la vallée (1). Ils le font d'autant plus facilement que la surface de la glace est parsemée d'une espèce de gravier ; ce sont de petits morceaux détachez des rochers que les vents transportent apparemment des montagnes voisines. L'on trouve même sur la glace plusieurs grandes pierres qui, selon moi, y ont été roulées du haut des montagnes, quoique les gens du lieu disent qu'elles ont été élevées du fond de la glacière.

Il n'habite sur ces montagnes que des chamois, des bouquetins, quelques oiseaux de proie, et une grande quantité de marmottes, dont nous avons entendu siffler plusieurs. Les plus petits oiseaux que j'y aie vû sont des merles, dont j'ai vû un vol de plus de 50 dans la vallée de *Chamougni*. L'on n'y voit point d'hirondelles.

J'y ai vû, entre les insectes que nous avons, une espèce de sauterelle ailée, qui tient de la sauterelle et de la demoiselle. Elles sont même fort grosses et ont les jambes extrêmement longues.

----

(1) Cette pratique est encore en usage pour conduire les génisses au pâturage du Nant Blanc, car si bien le Mauvais Pas est facilement accessible aux chèvres, il ne pourrait donner passage aux grosses bêtes à corne que l'on fait venir par le chemin du Montenvers et la traversée de la Mer de Glace. Leschevin la mentionne dans son *Voyage à Genève et dans la vallée de Chamouni*, 1812, p. 269.

J'ai dit au sujet des *Glacières* que la *Vallée de Glace* se communique à *la vallée de Chamougni* par cinq Gorges qui ont chacune leur nom, comme l'on verra dans le plan, à la fin de cette rélation.

Les *Glacières* s'étendent par diverses gorges et vallées jusques à la *Vallée de Courmaieux*, mais non pas d'une communication non interrompue, comme elle l'a été ci-devant, à cause des écroulemens de quelques morceaux de montagne. C'est pourquoi il est à présent impossible d'aller de Chamougni à Courmaieux par les vallées des Glacières (1).

Entre les cinq gorges qui aboutissent à la vallée de Chamougni, celle que l'on nomme *Glacière des Bois* est la plus considérable, non seulement par sa beauté et sa grandeur, mais parce que l'*Arbeiron* y prend sa source. Il sort de dessous la glace, par deux voutes toutes de glace, d'un gout semblable à celui des grottes de cristal que la Fable a imaginées pour loger les Fées. C'est un spectacle autant admirable qu'extraordinaire de voir partout les inégalitez qui s'élèvent au dessus de ces voutes de plus de 80 pieds, et qui paraissent du plus beau cristal du monde, réfléchissant une infinité de belles couleurs, comme si l'on regardait comme tout autant de prismes qu'il y a de branches de glace : car il faudrait se représenter cet endroit comme s'il était composé d'une infinité de branches verticales, adhérentes les unes aux autres, et finissant en haut et en bas inégalement (2).

Ce n'est cependant pas sans peine que l'on parvient jusques à cet endroit si digne d'admiration. L'on peut même aller sous une de ces voutes, où l'eau n'est pas si abondante qu'à l'autre, mais non pas sans danger, à cause des morceaux de glace qui s'en détachent quelquefois, ainsi que mes compagnons de voiage l'ont vû (3).

---

(1) Il paraît cependant établi qu'un nommé Ribel, de Genève, aurait effectué ce trajet en 1740 (*Jahrbuch des S. A. C.*, XXXVII, p. 268), et que cet exploit aurait été renouvelé en 1772 par un capucin de Sallanches et en 1776, par un touriste anglais, M. Hill (*ibid.*). Les premiers passages du Col du Géant bien certains sont celui de M. Exchaquet, le 28 juin 1787 et surtout celui de Bourrit et son fils, le 28 août 1787 (*Itinéraire de Genève*, par Bourrit, p. 259 ss.).

(2) La grotte de la source de l'Arveiron a été bien souvent célébrée par les écrivains et dessinée par les artistes. Les vues les plus connues sont celles qu'en ont donné Bourrit et Bacler d'Albe. Elle a disparu par suite du recul des glaciers.

(3) Un éboulement de la voûte de glace de la grotte de l'Arveiron, provoqué il est vrai par l'imprudente détonation d'un coup de pistolet, coûta la vie à un M. Maitz en 1797. (Leschevin, *Voyage à Genève et dans la vallée de Chamouni*, p. 278. — A. Pictet, *Relation d'un accident fatal*, 1800, p. 28)

L'Arbeiron vient de dessous ces voûtes, et roule avec soi quantité de paillettes d'or, comme M. nôtre orfèvre nous le fit voir.

La Glacière d'*Argentière* charrie aussi des paillettes d'or et d'argent, ce que l'on n'a pas remarqué aux sources de l'Arve.

Je crois que l'*Arbeiron* a une source autre que la glace, puisque son eau ne tarit jamais, non plus que l'*Arve* qui prend sa source dans une montagne où il n'y a ni glace ni neige.

Quoiqu'il en soit, l'*Arve* et l'*Arbeiron* roulent un sable très-blanc et très-fin qui fait que l'eau ressemble à celle dans laquelle on a fait dissoudre du savon. Elle conserve même cette couleur jusques à l'endroit où elle reçoit le *Nan des Bois*, duquel nous avons déjà parlé ! Je croirais assez qu'elle peut prendre avec cette eau beaucoup de paillettes d'or, car nous avons remarqué en passant au travers de ce Nan une infi-nité de pierres qui paraissent contenir beaucoup de mine d'or et d'argent.

Toutes les Glacières, du moins celles que l'on nomme *Glacières de Chamougni*, sont situées à la rive gauche de l'Arve. Il y en a bien une autre de l'autre côté, dans la *Montagne de Valorsine*, mais elle est très-peu considérable et n'a aucune communication avec les autres.

Avant que de quitter Chamougni, je dirai un mot de son histoire naturelle et merveilleuse.

Les habitants de ce païs sont naturellement fort honnêtes gens, vivant ensemble avec une parfaite confiance. Ils sont assez robustes, vivent longtemps, et il y en a très peu de pauvres. Ils ne cultivent leurs terres qu'au printems après que les neiges se sont retirées : ce qui est quelquefois à la fin d'Avril, et d'autres fois à la fin de May. Ils labourent dez lors leurs terres et y sèment des graines, comme du seigle, de l'orge, des fèves, de l'avoine et du sarrasin qu'ils mois-sonnent dans le courant de Septembre. Et de toutes ces graines ils font une espèce de pain plat, qui est extrèmement dur parce qu'ils le font sécher au soleil, après qu'il est cuit. Et ils le conservent ainsi plusieurs mois. Ils n'ont du fro-ment que pour les enfans, encore est-ce fort peu.

C'est une chose surprenante de voir de quelle manière les montagnes sont cultivées dans des endroits presque dirigez verticalement, où ils labourent et sèment aussi joliment que nous faisons dans la plaine. Nous avons remarqué cela déjà depuis Sallanches.

Les fruits y viennent fort tard : car nous y avons vu les

cerises, qui n'étaient pas encore meures, et avons trouvé des fleurs et des fruits dans la montagne que l'on ne trouve chez nous qu'au printems.

Il faut ici dire un mot d'une fontaine que l'on trouve en montant la montagne, qui donne une fort bonne eau minérale, tirant du fer et du soulfre. C'est dommage qu'elle ne soit pas plus abondante, car elle est délicieuse et bien fraîche. C'est la première que l'on trouve en allant à *Montanvert*.

L'on y a du miel qui ressemble fort à celui de Narbonne par la couleur, mais non pas pour le gout.

Les habitants de ces contrées disent que ces vallées de glace ont été autrefois habitées, et qu'il y avait un très-grand nombre d'habitations; mais qu'une fée qui présidait sur eux, en aiant reçu quelque mécontentement, les maudit. Et depuis lors leur païs a toujours été couvert de glace.

Ils font un conte à peu près semblable d'un Géant. Ils disent que ces montagnes, qu'ils appellent quelquefois *Maudites*, sont les habitations des démons, sorciers, et des esprits immondes que leurs prêtres exorcisent, et relèguent dans ces endroits inhabitez.

Ils font encore un conte sur l'Arbeiron. Ils prétendent qu'une vieille femme a vû plusieurs années de suite un grand Thrésor s'ouvrir sous ces voutes de glace, où l'*Arbeiron* prend sa source aux *Glacières des Bois*, et que ce Thrésor s'ouvrait seulement deux fois l'année, savoir le jour de Noël et le jour de la Saint-Jean, pendant la messe, ce qui fait que le curé ne l'a jamais pú voir, et qu'il se refermait d'abord après.

L'on ne finirait pas si l'on voulait écrire toutes les fables qu'ils ont, au sujet des choses extraordinaires que l'on voit dans leurs contrées.

Ils sont tous fermement persuadés que la Glace des Glacières se produit par une espèce de végétation tant l'été que l'hyver.

Nous partimes de Chamougni le jeudi 23ᵉ du même mois, après y avoir resté environ trois jours, savoir depuis le mardi au soir jusques au jeudi matin.

Je ne fis point d'expérience du baromètre parce que l'on me l'avait gâté, ce qui me fâcha beaucoup.

Nous vinmes coucher à Cluse, et de là nous vinmes à *la montagne du Môle* (1), que j'estime de quelque chose plus

---

(1) Altitude du Môle : 1869 m. — Au dessus de Bonneville. 1419 m. et de Cluses: 1384 m. tandis que le Montenvers à 1921 m. est à 870 m. au dessus de Chamouni.

haute que le *Montanvert*, puisque nous avons resté près de demie heure de plus à la monter, quoique le chemin en soit uni. Il est aussi plus escarpé.

J'aurais souhaité d'avoir mon baromètre pour en prendre la hauteur : mais il fallut s'en passer. Je me contentai, étant arrivé au sommet, de prendre l'angle de positions des Gla-cières avec Genève, que je trouvai de 150 degrez précisément.

J'admirai de toutes parts les objets avec plaisir. J'eus de là occasion de penser à ce beau plan, que vous avez vû à nôtre bibliothèque qui ressemble fort du premier coup d'œil à cette plaine que nous voions depuis cette haute montagne. Il est admirable de voir tout ce que nous prenons pour de hautes montagnes entrecoupées de belles et de riches vallées couvertes de richesses de Cérès et de Pomone. Un nombre infini de villages qui nous paraissent ensevelis dans des antres profonds, sont situez d'une manière agréable et cham-pêtre. En un mot, si j'avais eu beaucoup de peine à gagner la cime de cette montagne, j'en fus largement dédommagé par la vue d'un spectacle qui était tout à fait nouveau pour moi.

Après une demi-heure de séjour dans cette belle vue, nous descendimes pour aller joindre nos chevaux de l'autre côté de la montagne où nous les avions déjà fait passer. Nous couchames aux Contamines (1), d'où nous vinmes à Genève le samedi matin 26, tous très satisfaits de nôtre voiage, n'aiant d'autre regret que celui de n'avoir pas resté plus longtemps à Chamougni, pour y admirer ce que l'auteur du Spectacle de la Nature n'a jamais vû.

Si quelques personnes veulent entreprendre ce peinible et curieux voiage, il leur conviendrait d'ajouter à toutes les précautions que vous indiquez celle encor d'y mettre plus de tems. Et s'il leur était possible d'en prendre assez pour revenir par la Suisse, ce qui serait fort aisé depuis Cha-mougny, l'on pourrait faire le plus beau voiage du monde du moins par la vue des choses extraordinaires, et dont la variété est continuelle. Mais alors il faudrait voir le Môle en allant.

Remarques de M. nôtre Pharmacien

En montant par un chemin fort étroit et peinible du Mon-tanvert vers la Glacière des Bois, on a trouvé de belles

____

(1) Il s'agit du village de Contamine-sur-Arve, situé à 8 kil. environ en aval de Bonneville, et peu visité de nos jours, et non des Contamines sur le Bon Nant, dans le Val de Montjoie, sur le chemin du Col du Bonhomme.

plantes, sans quitter ni nos guides, ni la compagnie, et sans s'écarter du sentier, savoir :

Pyrola folio mucronato
Consolida Saracenica minor alpina
Alchimilla alpina minor quinquefolia
Lamium album Plinii.
Asclepias flore albo
Victorialis longa
Euphrasia alpina luteis floribus
Meum Athamanticum
Carlina acaulea
Helleborus albus
Lapathum de plusieurs espèces

sans faire mention de quantité d'autres plantes, dont on ferait plutôt un catalogue qu'une petite rélation.

Tout le long de cette montagne il y a plusieurs espèces de pin et de sapin. Il y a aussi beaucoup de mélèzes, que les gens du païs appellent *Larchis*, en latin *Larix cornifera folio deciduo*. Nous y avons trouvé du beau *Agaric*, et au tronc de plusieurs de ces *Larchis* ou *Mélèzes*, il y avait des incisions horizontales et latérales, par lesquelles des Italiens avaient tiré de la *terébentine*.

A la source de l'*Arbeiron*, qui est au pied de la *Glacière des Bois*, dans la vallée de *Chamougni*, et dans le lit même de cette source d'Arve qui n'était pas couvert d'eau, on a trouvé les plantes suivantes, savoir :

Muscus capillaceus lanuginosus densissimus
Lithophylum album nodosum
Sedum alpinum subhirsutum corona floris purpurante disco viridi.

et plusieurs autres espèces de *sedum*.

Relation anonyme d'une Visite à Chamouni en 1764

Guidés aujourd'hui par un bon naturaliste, nous nous arrêterons sur un endroit fort curieux des hautes Alpes, que l'on voit d'ici, quoiqu'il en soit à vingt lieues. Je veux parler des Glacières de Savoye, plus remarquables encore que celles de Suisse et du Valais.

Monsieur le professeur De Saussure n'est pas de ceux qui parlent sur le rapport d'autrui. Jeune et avide d'apprendre, laborieux et pénétrant, il est allé trois fois sur les lieux, deux fois en été et dernièrement au mois de mars (1), non sans beaucoup de fatigue, non sans péril. Son active curiosité l'a mis en état de contenter la nôtre, et nous recueillons tranquillement le fruit de ses peines.

On va à ces Glacières par la vallée de Chamouni, dans le Faucigny, vallée étroite, mais longue d'environ 5 lieues, traversée dans toute sa longueur par nôtre rivière d'Arve qui y prend naissance. A la gauche de cette rivière (et non à la droite comme les cartes le marquent par erreur), s'élève une haute montagne nommée *Montanvers* dont la longue et large croupe paraît, quand on y est, une vaste plaine, et même un grand bassin à cause des hauteurs qui la dominent, et dont cette croupe n'est que la baze.

C'est là que se trouve un lac, toujours gelé, que l'on appelle la Vallée de la Glace. Il est long d'environ 3 lieues, large d'environ demi-lieue, mais avec des courbures et des petits golfes qui lui donnent une figure très irrégulière. Un des bouts s'approche du Valais et l'autre de la Val d'Aoste ; la surface est en partie d'une glace pure et bleuâtre, et partie de glace mêlée de neiges, presque toujours avec des ondulations comme une mer agitée, et çà et là entrecoupée de fentes et de crevasses, les moindres larges d'un pied, les autres de six ou sept, en sorte qu'il n'y a que les chamois qui y passent. Les deux côtés de ces crevasses sont comme deux murs, la glace allant jusqu'au fond. Quelques unes sont un peu remplies d'eau fondue, ce qui empêche que l'œil n'en mesure la profondeur, d'autres sont sèches ; mais qu'on se garde bien d'en approcher ! la tête tourne en regardant de tels abymes. Quelque fabuleuse que soit la tragique aventure d'Empédocle, elle peut toujours servir de leçon aux curieux trop hardis.

D'un côté de ce lac en demi-cercle est une suite de montagnes en forme de pic, ou de pyramide de différentes hauteurs ; celle dont le sommet est le plus élevé, nommée le *Mont Blanc*, a été géométriquement mesurée par M. Fatio de Duilliers et par M. de Chéseaux. On croit qu'elle surpasse le niveau de nôtre lac d'environ deux mille deux cents toises. Si vous y ajoutés la pente d'ici à la mer, il se trouvera que c'est la plus haute cime de toute l'Europe. Quoique l'on ait déjà, pour divers endroits des Alpes, des observations barométriques, elles deviendront plus sûres quand on pourra y porter un baromètre ajusté avec les précautions nouvelle-

____

(1) La troisième visite de M. De Saussure à la vallée de Chamouni eut lieu le 24 mars 1764.

ment inventées par un de nos concytoiens, M. Jean André
De Luc, qui a entièrement perfectionné la méthode d'employer cet instrument à mesurer les hauteurs.

Notre professeur étant monté en dix heures de tems, à
l'endroit qu'on nomme la *Glacière des Pèlerins*, fut bien
dédomagé de sa peine. C'est de là qu'on voit d'un coup
d'œil et l'étendue du lac gelé et le bel effet de ce demi-cercle
de montagnes pyramidales qui forment comme un théâtre
dont les deux extrémités sont flanquées de masses de roc
comme de deux grosses tours. Chaque pyramide semble
divisée en deux étages parce que la moitié inférieure est
toujours couverte d'un épais manteau de neige, ce qui fait
une enceinte continue d'un blanc éblouissant. Au lieu que
la partie supérieure qui forme le pic, et où la neige ne saurait s'arrêter à cause de la pente, garde sa couleur de roc
bruni par l'humidité, mais parsemé de bandes de neige qui,
serpentant selon les veines et les cavités du roc, ressemblent
à des rubans argentés. Quand on a le soleil à dos, la vue de
ce lac gelé, et de ce théâtre de pyramides bizarrement colo-
rées, est des plus grands et des plus magnifiques spectacles
que l'on puisse imaginer. Mais il est des jours, surtout au
printemps, où le plaisir d'un si beau spectacle serait étran-
gement troublé par des évalanches de neiges durcies qui
sont affreuses. On a vu des masses aussi grosses que toute
cette cathédrale rouler de précipice en précipice avec un
fracas épouvantable, entraînant par leur chute des morceaux
de rochers, heurtant contre d'autres, volant en éclats, se
brisant avec un bruit de tonnerre et jetant au loin un épais
nuage de neige pulvérisée. On dirait que les fondemens de
la terre croulent et que le Monde va retomber dans son
ancien cahos.

Du Lac Gelé, et par des coupures qui sont dans les inter-
valles des pyramides, comme aussi du pié même de ces
pyramides, débordent et prennent leur pente vers la vallée
de Chamouni à travers les rochers et les prairies, plusieurs
larges traînées de glaçons, comme autant de différentes
rivières dont un gel subit aurait arrêté et suspendu le cours.
Là où le terrain est à peu près horizontal, la glace est unie
et luisante, avec des fentes, comme dans le Lac. Mais là où
le terrain est raboteux et a plus de pente, ce sont des flots
amoncelez; et là où il est tout à fait escarpé, ce sont des
cascades cristallizées, des blocs de toute figure, des pyramides quelquefois hautes de cent piés, des colomnes, les
unes droites, les autres panchées, ou renversées ou cassées,
des jambages de porte ou de fenêtres avec des cavités. On

croit voir les débris d'un magnifique palais, ou les ruines d'une ville superbe. Un poète dirait qu'on voit des tours de diamant, des colomnes d'émeraudes, parce qu'en effet dans un jour brillant les accidens de lumière et d'ombre donnent à ces objets des nuances qui en approchent. C'est encore là un tableau étonnant !

Quoique ces torrens semblent pétrifiés et immobiles, ils ne laissent pas de descendre imperceptiblement, soit par le poids d'autres glaçons qui les poussent, soit parce qu'étant minés en dessous par de l'eau qui cherche une issue, la croûte est forcée de suivre quoique lentement la pente du liquide.

Enfin dans la vallée même de Chamouny, ces mêmes torrens présentent aux voyageurs une nouvelle décoration. Chaque embouchure y forme comme un frontispice d'église avec une grande arcade où l'on découvre une spatieuse caverne garnie et voûtée de glaces et de roc, et çà et là des baguettes de glace pendantes comme des tuyaux d'orgues. De là coule un ruisseau limpide qui va grossir l'Arve. Le plus gros de ces ruisseaux qui passe sous la plus grande voûte se nomme *Arberon*, diminutif du nom d'Arve. C'est de là que sortent les paillettes d'or que l'Arve charrie.

Je laisse, Messieurs, des observations physiques qui ont été faites sur la disposition de ces glaces et sur leurs bulles d'air qui montrent que ce sont toujours des neiges gelées.

Ne pouvant tout dire, j'ai cru que ce qui vous intéresserait davantage était une peinture du local qui n'est point encore aussi connu qu'il mérite de l'être, quoique depuis vingt et trois ans il attire l'attention des curieux.

Il est bon de rappeler, comme épilogue à ces souvenirs, que les voyageurs d'alors avaient plus de difficultés et plus de mérites que nous n'en avons actuellement à visiter la vallée de Chamouni.

Pendant des siècles, en dehors de l'accès du Valais aussi difficile et rarement pratiqué, on n'avait pu l'aborder que par le chemin muletier de la Forclaz du Prarion, et la lettre de M. Le Pays, disant que pour y parvenir il avait monté et *descendu* les plus dangereuses montagnes, nous montre bien que tel fut aussi son itinéraire.

Dans les *documents* publiés par MM. Perrin et Bonnefoy, on trouve, à la date du 21 septembre 1458, un accord entre

le prieur de Chamouni et le curé de Notre-Dame-du-Lac
(aujourd'hui Servoz), par lequel celui-ci s'engage a établir
un chemin convenable et suffisant depuis le village du Lac
jusqu'au Plan-des-Montées. « Il faut que, par-là, dit cette
pièce, un char portant trois tonneaux de vin, puisse être
tiré par deux chevaux. » C'eût été alors la route carrossable jusqu'au Prieuré, car le même document nous apprend que les
chars arrivaient de Sallanches et de Cluses à Notre-Dame-
du-Lac et, d'autre part, le roulage existait dans la vallée
supérieure.

Mais, si cet effort put être accompli, ce que rien ne vient
établir, il ne semble pas qu'il ait dû résister longtemps aux
intempéries : les communications continuèrent par l'ancien
chemin de la Forclaz, et le trajet de Servoz aux Ouches ne
fut qu'un trajet de fortune, empruntant un mauvais pont de
bois, le pont Pélissier et la terrible rampe des Montées où
les cavaliers étaient généralement obligés de mettre pied à
terre. Telle était encore la situation en 1762, lors du voyage
de M. de la Rochefoucauld. Dans le *Voyage d'un Amateur des
Arts*, exécuté en 1775 ou 1776, l'auteur (M. de la Roque), nous
indique que le chemin de Servoz à Chamouni est imprati-
cable avec des voitures (Ier vol., p. 296,), et qu'il faut néces-
sairement s'y rendre à cheval. Les *Lettres d'un Voyageur
anglais* (John Moore) nous disent, qu'en août 1780, le plus
prudent est de s'abandonner à l'instinct de sa mule (Ier vol.,
p. 164), et ce n'est qu'en 1785 que Bourrit vient nous apprendre
qu'on a fait des travaux pour faciliter l'accès (*Nouvelle Description,* t. III, p. 36). L'*Itinéraire de la Vallée de Chamonix*,
par J. Berthout van Berchem, imprimé en 1790, apporte la
première nouvelle d'un accès possible par chars à bancs.
Pendant près de quatre-vingts ans, jusqu'à l'année 1869, le
transbordement des diligences dans des chars légers dut
toujours être pratiqué à Pont-Saint-Martin, à Sallanches ou
au Fayet, et le nombre des visiteurs en était forcément
restreint.

H. FERRAND.

———— ❖ ————

72.433. — Imp. A. Geneste, Lyon.